물 없는 물, 빗장을 열다

물없는 물, 빗장을 열다

1판 1쇄 인쇄 | 2007년 1월 15일
1판 2쇄 발행 | 2007년 2월 15일

지 은 이 | 김성우
펴 낸 이 | 오세룡
펴 낸 곳 | 클리어마인드_(주)지오비스
등록번호 | 제 300-2005-54호
주   소 | 서울시 종로구 수송동 58 두산위브파빌리온 736호
전   화 | 02)2198-5151, 팩스 | 02)2198-5153
디 자 인 | 현대북스 051)244-1251

ISBN 89-958772-1-9 03220

클리어마인드는 (주)지오비스의 출판브랜드입니다.
이 책은 저작권 법에 따라 보호받는 저작물이므로 무단전재와 복제를 금지하며,
이 책 내용의 전부 또는 일부를 이용하려면 반드시 저작권자와 (주)지오비스의 서면동의를 받아야 합니다.

정가 12,000원

문 없는 문, 빗장을 열다

무문관無門關
그 수행 현장과 숭고한 구도 이야기

김성우 엮음

클리어마인드
CLEARMIND

책을 펴내면서

　무명(無名·가명) 스님을 뵌 것은 2006년 여름의 막바지로 접어들 때였습니다. 부산 시외의 아담한 절에서 뵌 스님은 대장부의 기상이 느껴지는 과묵한 성격의 전형적인 수좌(首座·참선 수행승)스님이었습니다. 스님은 3년 7개월간 남쪽의 어느 선원 무문관(無門關 : 기한을 정한 때까지 문을 닫아걸고 수행하는 선방)에서 수행한 탓에 말문이 잘 터지지 않아, 신도님들과 대화 하는데 지장을 받을 정도로 애를 먹고 있었습니다. 차를 마시고 스님과 대화를 나누는 과정에서도 적당한 단어가 떠오르지 않아 골몰하는 표정을 짓곤 하셨습니다. 수 년간의 묵언 정진으로 말문이 닫혔다는 기록을 읽은 적은 있지만, 현실에서 그러한 모습을 보니 언어에 대한 본질을 다시금 생각하게 되었습니다.

　차담茶談을 나누는 동안 스님의 말씀 한마디, 행동 하나 하나는 수행에서 우러나오는 진실의 향기와 무게를 느끼게 하였습니다. 형형한 눈빛(眼光)과 함께 뿜어져 나오는 알 수 없는 청정한 기운과 침묵의 향기는 계정혜(戒定慧 : 계율, 선정, 지혜) 삼학三學을 함께 닦은 수행자의 이상적인 모습을 보여주는 것만 같았습니다. 3년 7개월 동안 스스로 감옥 아닌 감옥, 그것도 독방인 무문관에 들어가 공부하고 나온 수좌스님의 여여부동(如如不動 : 한결같이 움직임이 없는)한 모습은 알 수 없는 신심信心을 불러일으켰습니다. 무문관 수행이 자신을 학대하는 고행苦行이 아니라, 참으로 심신心身을 극복하여 마음의 평안과 자유를 얻게 하는 비상통로가 될 수 있다는 느낌도 받았습니다. 그러면서 내심, '스님이 무문관에서 체험한 깨달음의 경지는 과연 어느 정도일까?'라는 유치한 분별심을 내기도 했습니다. 하지만 깊이를 알 수 없는 무심無心에서 우러난 목소리와 확신에 찬 표현은 스님의 수행경지를 짐작하게 하기에 충분했습니다.

무명 스님과의 첫 만남은 클리어마인드 오세룡 사장의 주선에 의한 것이었습니다. 오 사장은 스님을 통해 불법佛法을 공부하고 포교하는 오랜 인연을 맺고 있었고, 그러던 중 스님께서 만행 다니실 때 매일 일기를 적었다는 것을 알고 있던터라 무문관 수행일기를 간절히 부탁드렸던 것입니다. 더구나 극도의 고행이 필요한 간화선 수행 방법의 하나인 무문관 수행에 대해서는 정보서가 더욱 절실한 상황이었습니다.

무문관이라는 전혀 알려져 있지 않은 수행처에 대한 불자들과 일반인들의 관심을 차치且置하고서라도, 이러한 수행 가이드가 전무해 각종 신체적, 정신적 질병을 얻고 중도에 탈락하는 무문관 수좌스님들이 적지 않은 것이 현실이기 때문입니다.

그러나 무명 스님과의 만남은 '무문관 수행일기'에 대한 정리와 집필방향에 대한 상의를 위한 것이라기 보다는, 과연 이것을 공개해도 될지를 논의하는 자리였습니다. 스님은 '무문관 수행일기'의 공개를 여전히 주저하고 계셨기에, 필자가 직접 스님을 뵌 것은 '무문관 수행일기'의 필요성과 이로 인한 불교 전체의 공익公益을 진언하기 위한 만남이기도 했습니다. 예로부터 간화선 수행의 입문과정과 화두 타파 이후의 깨달음의 심경을 기록한 어록은 적지 않게 나온 반면, 정작 간화선 참구를 통해 화두를 순일하게 들고 심도 있게 공부해 들어가는 과정과 그때그때의 수행체험에 대해서는 구체적인 기록이 부재한 상황에서 '무문관 수행일기'의 출판은 꼭 필요한 불사佛事임을 역설하였습니다. 결국 스님은 출판사와 필자에게 모든 것을 일임하되, 당신의 법명을 공개하지 않는 쪽으로 대승적인 결단을 도출하기에 이르렀습니다.

그러나 스님으로부터 받은 '무문관 수행일기'는 3년 7개월 간의 기록이 아니었습니다. 10개월 남짓만에 집필이 중단되었던 것입니다. 그 이유는 '무문관 수행일기'를 꼼꼼히 읽어나가면서 저절로 알게 되었습니다. 스님은 무문관 수행일기를 적어가며 치열한 화두 참구를 해나가는 동안, 저절로 사교입선(捨敎入禪 : 교학을 잊고 禪의 경지에 들다)이 되었던 것입니다. 오랜 침묵수행은 급기야 익숙한 단어들마저 망각할 정도로 무심이 깊어졌던 것입니다. 아울러 10개월 남짓한 수행일기에는 화두 타파 직전의 생생한 내면적 체험이 기록되어져 있어서, 간화선 수행자들이 정진 과정에서 겪는 시행착오를 줄여주는 나침반이 되기에 충분했습니다.

고봉 선사의 『선요禪要』를 지침으로 한 무명 스님의 폐관(閉關 : 문의 빗장을 건) 정진은 고독하고 힘겨운 정진의 과정을 끝없는 참회와 발심, 머무르지 않는 행(無住行)으로 초월해 가는 생생하면서도 감동적인 구도기가 아닐 수 없었습니다.

2006년 4월, 11년 동안 근무하던 현대불교신문사를 퇴사하고 자유로운 삶과 마음공부를 갈구했던 필자는 무명 스님의 '무문관 수행일기'를 하나하나 읽고 정리하면서, 새롭게 발심하는 계기가 되었습니다. 부천시 원미산遠美山 아래 집필실에서 무문관에 대한 역사와 무문관을 투과透過한 고승들의 자료를 정리하며 집필하는 동안, 마치 무문관에 들어간 수행자의 심정이 되어 하루하루를 보낸 시절은 선열禪悅을 느낄 정도로 행복한 시간이었습니다. '무문관'이라는 하나의 화두가 집필, 산책, 참선으로 자연스럽게 이어져 밤을 하얗게 세워도 피곤한 줄 몰랐던 정진의 시간이었던 셈입니다.

『문없는 문, 빗장을 열다』가 세상에 빛을 보기까지에는 보이지 않는 소중한 인연들이 함께 불사에 동참同參하였습니다. 클리어마인드 오세룡 사장의 철저한 기획, 무명 스님의 무문관 수행일기의 공개, 그리고 필자의 현대불교신문 재직시절의 취재와 자료수집이 3위 1체가 되었고, 보이지 않는 인연들의 보살핌과 정성으로 이 책은 세상에 출현하게 된 셈입니다. 다시 한 번 무명 스님과 클리어마인드 오세룡 사장 및 편집부, 현대불교신문 사장 혜월 스님과 임직원 여러분에게 깊은 감사를 드립니다.

  삼세의 모든 부처님과 역대 조사, 대덕大德 스님들, 인연 닿은 도반님들의 바다와 같은 은혜에 엎드려 절하면서, 더욱 정진하여 부처님 가르침대로 회향하며 살 것을 발원합니다.

2006년 11월

부천 원미산遠美山 무무당無無堂에서

푸른바다(蒼海) 김성우金聖祐 두손모음

문없는 문, 빗장을 열다

제1부 무문관, 생사 해탈의 관문

무문관이란 무엇인가 · 14
선의 출발점, 달마 대사의 벽관 壁觀 · 20
무문관의 원형, 토굴 · 26
문없는 문을 여는 열쇠, 무자 無字 화두 · 34
생사 해탈의 관문, 사관 死關 · 46

제2부 무문관 수행일기

우담화를 피우려면 · 60

제3부 한국의 무문관 선원들

도봉산 천축사 · 172
계룡산 대자암 · 186
제주 남국선원 · 198
설악산 백담사 무금선원 · 208
천성산 조계암 · 218
감포 영남불교대학 무일선원 · 226
강진 백련사 만덕선원 · 234

제4부 문없는 문을 투과한 고승들

'콧구멍 없는 소'가 된 경허 스님 · 244
토굴에서 '무 無' 자 타파한 효봉 스님 · 254
'이 뭣고' 타파로 대문 大門 빗장 연 경봉 스님 · 264
10년 동안 동구불출 洞口不出한 성철 스님 · 276
50년 장좌불와 長坐不臥한 청화 스님 · 288

제1부
무문관, 생사 해탈의 관문

무문관이란 무엇인가

대도를 깨닫는 고정된 문은 없지만	大道無門
그 문은 또한 어떤 길에도 통하고 있으니	千差有路
이 문이 없는 관문을 통과한다면	透得此關
그 사람은 천지를 활보하며 자유자재하리라.	乾坤獨步

무문혜개(無門慧開 · 1183~1260) 선사가 『무문관』 서문에서 '선종의 문이 없는 관문' (無門)에 대해 읊은 이 게송은 심오한 '대도'의 뜻을 담고 있다. 이와 관련, 『능가경』은 "부처님이 설하신 마음(佛語心)을 근본 종지로 하고 무문無門을 법문으로 한다."고 대도를 설하고 있다. 여기서 '부처님이 설한 마음'은 모든 부처님이 설하는 심법心法이다. 부처님의 설법을 기록한 경전의 정신인 동시에 불교의 모든 가르침의 근원이 되는 본질을 의미한다.

일반적으로 부처님의 설법을 8만 4천의 방편 법문이라고 하지만, 선종은 '무문'을 법문으로 삼는다. 불법의 근본이 본래 공空하다는 사실을 통달하면 또다시 한 법도 얻을 것이 없다는 것이다. 본성을 문이라고 한다면, 성품은 모습이 없기에 문이 있을 수가 없다. 그래서 무문을 법문이라고 한 것이다. 이 무문이란 일체의 모든 차별적이고 개별적인 법문을 초월한 절대적인 '그 무엇'이다. 그것은 선禪이라는 한 글자에 일체의 모든 불법을 회통하려는 것이기도 하다.

'무문'을 관통하도록 제시한 선종의 수행은 여타의 종파불교와 달리, 특수한 경전을 선택하지 않고 일체 모든 경전의 근저에 흐르는 부처님의 마음을 곧바로 체득하도록 제시하고 있다. 그것은 중생심의 근본이 불심이라는 사실을 밝히고, 각자가 직접 불심(性品)을 자각하여 성불할 것을 제시한 '직지인심 견성성불直指人心 見性成佛'의 법문이라 할 수 있다. 소동파가 『백지찬白紙贊』에서 "한 물건도 없는 곳에 무진장한 것이 있으니, 꽃도 있고 달도 있고 누각도 있네."라고 노래한 것처럼 삼라만상이 일체의 '법의 문(法門)'이기에 일정한 고정된 문이 없는 것이다.

이처럼 문이 없어 어디로도 통하는 대도의 문은 문을 찾기 어려워 '무문'이요, 문 아닌 곳이 없어 시방세계가 그대로 '무문'이라는 이중의 뜻을 함축하고 있다. 따라서 '문없는 문의 관문'이란 뜻을 가진 『무문관』이란 선어록은 '깨치지 못한다면 문밖의 세상을 나서지 않으리라'는 각오로 화두참구에 매진하는 '무문관 수행'의 목적과 과정을 가장 적절하게 표현한 상징어가 아닐 수 없다. 선 수행자가 사방이 꽉 막혀 문이 없는 독방에서 문없는 문을 열고 깨달음의 사자후를 토해 낼 것을 기원하고 그러한 염원으로 선방이나 토굴의 이름을 '무문관'이라 한 것은 매우 적절한 작명作名으로 보인다.

한국 선禪의 용맹정진하는 기상을 보여주는 '무문관 수행'은 한 번 선방에 들어가면 몇 년이고 바깥 세상과 절연하고 오로지 수행에 매진하는 참선 방법의 하나이다. 가로 한 칸, 세로 두 칸 크기의 겨우 몸 하나 움직일 만한 독방에 한 번 들어갔다 하면 몇 년이고 바깥 세상과는 인연을 끊도록, 아예 출입을 하지 못하게 입구를 막아버리거나 못질을 해버린다.

1년이고 3년이고 약속된 기한 내에는 나올 수 없기에, 수세식 좌변기와 간이 샤워기가 설치돼 있고 상하기 쉬운 음식물을 보관해 둘 수 있는 작은 냉장고가 한 대 있을 뿐이다. 무문관 선방의 문은 하루 한 번씩 침묵의 의사소통을 겸해 생사를 확인하는 곳이기도 하다. 매일 오전 11시, 방마다 유일하게 외부와 통하는 작은 공양구(供養口 : 음식을 넣어주는 창)가 열리고 시봉을 맡은 스님이 공양통에 담아 식사를 넣어준다. 물론 이 짧은 시간이 지나면 독방은 다시 헤어날 수 없을 것 같은 깊은 침묵속으로 빠져든다.

목숨을 걸고 하는 이러한 극한極限의 수행법은 세계적으로도 유례가 없는 일이다. 선종의 유일한 적자嫡子임을 자부하는 한국 불교의 대표적인 용맹정진이라 할 수 있다. '사람들이 참을성이 없어지고 도를 구하는 이도 드물어 불법이 쇠퇴하며, 교만과 시비가 넘치게 된다'는 말법末法 시대, 승가의 수행기풍과 위계질서도 날로 흐트러지고 있는 가운데 '무문관' 수행의 전통이 제방의 선원과 토굴에서 되살아나고 있는 것은 불교 중흥의 조짐으로도 볼 수 있을 것 같다.

문을 자물쇠로 걸고 정진하는 이러한 '폐문정진閉門精進' 법은 물론 오랜 전통을 갖고 있다. 중국 달마 대사의 소림굴에서의 9년 '벽관壁觀', 고봉 스님 등이 죽기를 각오하고 정진했다는 '사관死關'도 무문관 수행의 일종이었다. 한말 경허 스님이 동학사에서 '폐문閉門' 정진하고, 일제강점기에 효봉 스님이 문을 없앤 토굴에서 화두를 타파한 것도 무문관 수행이라 할 수 있다.

그러나 '무문관'이 하나의 보통명사로 자리잡게 된 것은 1964년 도봉산 천축사에서 정영 스님이 '무문관'이라는 참선수행도량을 세우면서부터다. 부처님의 6년 설산 고행을 본받아 65년부터 79년까지 매회 6년간 현대의 고승들이 밖에서 문을 자물쇠로 걸고 면벽 수행했던 도봉산 천축사 무문관은 79년 원공 스님을 마지막 수행자로 문을 닫았지만(현재는 시민선방으로 운영), 93년 계룡산 대자암에서 다시 명맥을 이어간다. 그리고 뒤이어 제주도 남국선원(94년), 설악산 백담사 무금선원(98년), 강진 백련사 만덕선원(2002년), 천성산 조계암(2004년), 감포 영남불교대학 무일선원(2005년)에도 무문관이 잇달아 생겨 무문관 수행이 확고한 뿌리를 내리게 된다.

무문관 수행은 오랜 기간 눕지 않고 좌선하는 '장좌불와長坐不臥'와 기한을 정해 잠자지 않고 참선하는 '용맹정진勇猛精進'과 함께 가장 어려운 수행법 가운데 하나이다. 그럼에도 불구하고 무문관에 방부를 들이려는 수좌들은 줄을 잇고, 무문관을 개설하려는 선원도 계속 늘고 있다. 선방수행이 석달간의 결제기간에 쫓겨 중단되기 쉽지만, 무문관 수행은 정진력이 붙을 때까지 치열하게 몰아붙일 수 있는 장점이 있기 때문에 무문관은 앞으로도 더욱 늘어날 전망이다.

쉽고 편한 것만을 추구하는 현대 사회에서 고행이나 다름 없는 무문관 수행에 대한 관심이 오히려 높아지고 있는 것은 그만큼 바쁜 세상사 속에서 본래의 자기를 찾고자 하는 열망이 높아지고 있음을 보여주는 반증이 아닐까.

선의 출발점,
달마 대사의 벽관壁觀

"스님 어떻게 공부를 지어 나가야 되겠습니까?"

"밖으로 모든 인연을 쉬고 안으로 헐떡거림이 없어서 마음이 장벽 같아야 도에 들어갈 수 있다(外息諸緣 內心無喘 心如牆壁 可以入道)."

이 문답은 중국 선종의 제 2조가 된 혜가 스님이 달마 대사께 질문한 것이다. 여기서 '마음이 장벽과 같다'는 '심여장벽心如牆壁'이란 구절은 스님들의 면벽 수행을 상징하는 말이 되었다. 선방의 벽을 보고 앉아 묵묵히 화두를 챙기는 모습은 수행자의 얼굴과 벽이 마주한 형상이어서 면벽 수행한다는 표현이 나온 것 같다.

면벽 수행한다는 말은 무문관 수행자들에게는 더욱 실감나는 표현이다. 방이 좁다 보니 어느 방향으로 앉더라도 눈앞에는 꽉막힌 벽밖에 없기 때문이다. 뚫을래야 뚫을 수 없는 은산철벽銀山鐵壁이 사방을 가로막는 면벽 수행이 되지 않을래야 않을 수 없다. 또한 물리적인 벽만이 벽인 것이 아니라 육체적인 모든 현상, 의식의 흐름 자체가 보이지 않는 벽이기 때문에 좁은 공간에서 마음의 안정과 자유를 얻지 못한다면 콘크리트 벽에 갇힌 감옥이나 다를 바 없다.

따라서 무문관 수행은 몸과 마음의 집착을 어느 정도 극복한 다음에야 시도할 수 있는 수행이다. 육신에서 우러나오는 자동적인 욕망을 채워주지 못하면 그것이 하나의 스트레스가 되어 병으로 나타날 수 있기 때문이다. 장기간의 면벽 수행을 통해 관절이나 허리가 나빠지거나 우울증, 정신병, 상기병(上氣病 : 열이 위로 올라와 머리가 아픈 병) 등에 걸리는 수행자들이 적지 않은 것도 면벽 수행의 어려움을 보여주는 증거이다. 깨닫고자 하는 발심과 용기도 중요하지만, 평소의 수행력으로 심신의 조화가 이뤄지지 않은 상태에서 무문관에 들어가면 몸과 정신을 피폐하게 만들어 영원히 좌선조차 할 수 없는 폐인廢人이 되는 경우마저 있다. 면벽 수행을 하는 이치와 목적, 과정, 세세한 노하우를 미리 알지 않고는 단행할 수 없는 수행이 무문관 정진인 것이다.

이러한 면벽 수행의 원리와 방법을 알기 위해서는 무문관 수행의 근원이라 할 수 있는 달마 대사의 '벽관壁觀'에 대해 공부할 필요가 있다. 중국에서 선종을 일으킨 달마 대사의 독특한 수행법인 벽관이란 과연 어떤 것일까.

담림 스님은 『소전所傳』에서 "이입(理入 : 이치를 깨침)이란 안심安心이며, 안심이란 벽관이다."라고 하여 벽관이 진리에 들어가는 실천법이라고 하였다. 또 도선(596~667) 스님은 『속고승전』에서 대승벽관 大乘壁觀을 수행하여 얻는 경지가 가장 높다고 하였다. 이같은 설명이 나온 것은 벽관이 달마 대사 이전의 선 수행법에서는 찾아보기 어려운 새로운 것이기 때문이다. 당시 중국에 전해진 사념처법(四念處法 : 몸, 감각, 마음, 법을 관하는 수행)이나 천태지의 대사의 지관(止觀 : 마음 집중과 관찰)과는 다른 독자적인 수행법임을 의미한다.

벽관이라는 말은 중국 화엄종 제 2조 지엄(602~668) 스님의 『공목장孔目章』에도 나오는 용어이다. 지엄 스님은 발심을 일으킨 수행자가 따라야 할 18종의 관법觀法에 진여관眞如觀, 통관通觀, 유식관唯識觀 등과 함께 벽관을 포함시키면서 모두 병病에 대응하기 위한 시설施設이라고 하였다. 물론, 『공목장』에서는 특별히 벽관을 논한 것은 아니고 수행자가 정신을 집중하는 방법의 하나로 제시하였을 뿐이다.

이러한 벽관이란 말이 널리 알려진 것은 달마 대사의 9년 면벽에서 유래했다. 달마 대사의 면벽 좌선으로 상징되는 침묵은 훗날 커다란 발전을 이루는 선종의 깊이와 특징을 보여준 사건이었다. 당시 북위의 수도 낙양 洛陽 인근은 1,367개의 사찰이 있었으며, 연중 성대한 불교행사가 끊이지 않았다. 그럼에도 멀리 인도에서 중국까지 온 달마가 9년 동안이나 묵언하며 면벽하였다는 것은 당시로서는 도무지 이해하기 힘든 기행奇行이었던 것 같다. 그래서 『경덕전등록』에도 "달마는 면벽한 채 하루 종일 말이 없었다. 사람들이 그를 헤아릴 수 없어서 단지 벽관 바라문이라고 불렀다."고 적혀 있다.

그러나 후대의 벽관에 대한 설명은 형식적인 묘사보다 내용적인 설명으로 옮겨지고 있다. 송대 종감(?~1206) 스님은 저서 『석문정통釋門正統』에서 벽관을 '참다운 마음의 안정'이라고 해석하였다. 벽壁은 먼지나 티끌처럼 밖에서 오는 번뇌를 일으키는 망념을 막아주므로 마음의 청정함이 곧 벽관이고, 그 마음에는 참이나 거짓이 없고 범부나 성인, 안과 밖의 구별도 없다. 따라서 이는 곧 공空의 깨달음인 것이다. 이후 벽관은 선종의 중대한 관심사 중 하나가 되었고 달마의 선을 푸는 열쇠가 되었다고 볼 수 있다.

따라서 선을 공부하기에 앞서 벽관에 대한 이해가 반드시 필요하다. 벽관은 달마 대사로부터 시작되는 선사상의 요체이기 때문이다. 그것을 어떻게 이해하느냐에 따라 선 수행의 방향이 결정될 수도 있다. 다시 『석문정통』을 인용하면 벽관에 대한 정의는 이렇다.

"이와같이 마음을 안정(如是安心)함이란 벽관을 말한다. 객진위망客塵僞妄이 들어가지 않는 것을 '벽'이라 한다. 마치 가옥 외벽이 외부의 풍진을 방지하는 것과 같이 객진위망을 근접시키지 않는 마음의 긴장, 그것이 벽관이다."

여기에서 '객진'이란 밖에서 오는 오염이다. '위망'이란 작위적인 것을 말한다. 마치 거울을 덮은 먼지와 같은 게 객진위망이다. 이러한 해석을 바탕으로 설명한다면 벽관은 객진위망이 달라붙지 않는 마음의 평정을 의미한다. 때문에 벽관은 '벽을 본다'가 아니라, '벽이 보는 것'이라 할 수 있다. 즉 '벽이 되어 보는 것'인 동시에 공空을 관觀하는 것이다. 살아 있는 공을 또렷또렷하게 지켜보는 것이다. 사실 진정한 벽관은 벽과 내가 하나가 되고 또한 그 단계를 뛰어넘어 공에 대한 깨달음이 있을 때 가능하다. 이렇게 될 때, 기존의 고정관념에서 해탈되어 '바람도 깃발도 아닌 마음이 움직이는 것'이라든지, '물이 흐르는 게 아니라 다리가 흐르는 것'이라는 등 후대 선사들의 '격식을 벗어난 말(格外語)'을 할 수 있는 것이다.

결국 달마 대사가 동굴 속에서 좌선삼매에 들었던 면벽 수행은 외부 세계와의 단절이 아니라, 벽과 하나 되어 자기와 세계를 관한 것이라 볼 수 있다. 그렇기 때문에 벽관은 회광반조(廻光返照 : 빛을 돌이켜 비추어 본다)의 뜻을 품고 있다. 선과 악, 아름다움과 추함, 옳고 그름, 성인과 범부 등 모든 것을 반조하는 불가사의한 작용을 벽관은 지니고 있는 것이다. 물론 중국에 오기 전에 이미 깨달음을 얻었던 달마 대사가 벽관을 한 것은 깨닫기 위한 것이 아니라 깨달음을 누리는 지극한 고요함이었다.

이처럼 선의 출발은 달마 대사가 직접 보여준 벽관에 기인한 것이기에 더욱 큰 실천력을 지니게 된 셈이다. 달마 대사는 『이입사행론二入四行

論』에서 "만약 번뇌를 초월하여 참된 성품으로 돌아갈진대 마음을 다스려 벽관할지니, 자타가 없으며 범부와 성인이 한결같이 평등하다."고 설하고 있다. 즉 면벽, 벽관이야말로 '진리의 깨달음에 의한 입문(理入)'을 실천하는 구체적인 방법이라고 주장하고 있는 것이다.

무문관의 원형, 토굴

청산靑山의 숲속 깊은 골에 한 칸의 토굴 지어놓고

송문松門을 반쯤 열고 돌 길石徑에 배회하니

푸르른 봄 3월에 춘풍이 건듯 불어

뜰앞에 백 가지 꽃은 처처에 피었는데

풍경도 좋거니와 물색物色이 더욱 좋다.

그 중에 무슨 일이 세상에 가장 귀한고.

한 조각 무위진묘향無爲眞妙香을 옥로玉爐 중에 꽂아 두고

고요한 밝은 창 아래 묵묵히 홀로 앉아

10년간 기한을 정해 일대사一大事를 궁구하니

일찍이 모르던 일 금일에야 알았구나.

- 나옹 스님의 『토굴가』 중에서 -

토굴 수행은 만만한 각오로는 중도에 포기하기 십상이어서, 깨달음에 이르는 마지막 고비에서 시도해야만 한다.

천축사 무문관처럼 선원의 규모를 갖춘 무문관 선원이 생기기 전에는 한 사람이 정진할 수 있는 토굴土窟이 무문관과 같은 역할을 했다. 위의 '토굴가'를 지은 나옹 선사를 비롯해 역대의 많은 큰스님들이 토굴에서 홀로 수행한 기록이 있다. 특히 히말라야 고산지대인 티벳의 수행자들은 대부분 동굴에서 고행하는 경우가 일반적이었다. 이 가운데 수행력이 깊은 수행자들은 대각大覺을 성취하기 위한 최후의 관문으로 두문불출杜門不出하며 정진하는 무문관 수행을 하기도 했다.

티벳의 대표적인 고승, 밀라레빠(Jetsun Milarepa · 1042~1123)의 동굴 수행기는 당시의 극한 고행을 실감나게 밝히고 있다.

"겨울철에 나는 거의 활동하지 않았다. 마치 겨울잠을 자는 곰이나 박쥐처럼 동굴 바닥에 꼼짝하지 않고 앉아 밤낮을 명상으로 보내는 것이었다. 그러나 이러한 추위와 굶주림은 한편 나에게 더욱 큰 힘을 주는 것이었다. 달리 어떻게 할 수가 없었으므로 오로지 죽음을 각오하며 명상수행에만 전념하게 하는 것이었다. 동굴 속은 혹독한 겨울이 지나고 봄이 찾아오면 살과 뼈를 에는 추위가 더욱 차갑게 느껴졌다. 이때 바위에서 발산되는 석풍은 살뿐만 아니라 뼈까지도 마디마디 바늘로 찌르는 듯하였다. 이러한 동굴 속에 앉아 잠을 청한다는 것은 불가능한 일이었다. 추위로 인해 잠이 사라졌던 것이다. 비록 초인적인 의지로 이러한 추위를 견뎌낼 수는 있었지만, 아직 내부열이 완전히 각성되는 경지에는 이르지 못했다. 내부열이 완전히 각성되지 않았으므로 혹독한 추위는 나에게 엄청난 인내를 요

구했다."

— 『히말라야의 성자 밀라레빠』 중에서 —

몇 년 전 『여성의 몸으로 붓다가 되리라』는 책이 국내에서 번역된 텐진 빠모 스님도 밀라레빠와 같은 동굴 수행을 했다. 그는 인도 최북단의 히말라야 설산에서 1년 중 8개월은 눈과 얼음으로 세상과 단절되어 있는 타율 곰파('선택된 장소'라는 뜻)에서 12년간의 동굴수행을 포함해 18년간 은거수행을 했다. 티벳 불교에서는 은거수행을 서원 誓願하면, 병이 들거나 죽더라도 나오지 않겠다고 맹세해야 한다. 한국의 무문관 수행에서는 병이 들면 무문관에서 나올 수 있기 때문에 한국 보다 더욱 엄격한 폐문정진이라고 할 수 있다.

그러나 밀라레빠나 달마 대사 처럼 자연적 형태의 굴이거나 땅을 파서 들어앉는 원래 의미의 토굴은 점차 비·바람만 간신히 그칠 수 있는 움막집 등 혼자 수행하는 허름한 집으로 개념이 바뀌어 왔다. 한국에서는 근대화가 시작되면서 이런 토굴은 거의 자취를 감추고 일반적인 가옥이나 별반 다름없는 집까지 토굴이라고 불리게 되었지만, 원래의 토굴 수행은 대중 선방에서 참선을 통해 힘을 얻은 후 마지막 관문으로 용맹정진 하던 수행터였다. 깊은 산속이나 험준한 절벽 등 아무도 찾지 않는 곳에 나무로 얼기설기 초막을 짓고 사람이 사는 흔적을 감춘 채 끼니는 죽지 않을 정도만 먹으며 도를 깨칠 때 까지 정진하는 곳이 이름에 걸맞는 형태의 토굴이었다.

　요즘처럼 주방이나 화장실이 실내에 없던 토굴에서 문을 걸어 잠그고 하는 토굴수행은 실로 목숨을 걸 수 밖에 없는 고행이었다. 때문에 효봉 스님처럼 문을 아예 진흙으로 발라버리고 출입을 하지 못하는 경우는 반드시 시봉하는 사람이 필요했다. 음식도 음식이려니와 대·소변을 처리할 방도가 없기 때문이다. 그래서 작은 창문이나 구멍을 통해 하루 한 번 정도 요강으로 대·소변을 처리해 주고 음식도 넣어준다.

　이렇게 음식을 먹고 싸는 일이 번거롭다 보니, 수행자들은 극도로 음식을 절제하기 마련이었다. 하루 한 끼만 먹고 오후엔 일체의 곡기를 끊는 '일종식一種食' 고행이 대표적 사례다. 월출산 토굴에서 용맹정진할 때 청화 스님은 생식가루 석 되를 갖고 정진을 시작했는데, 시봉하는 보살이 100일 후 올라가 보니 두 되가 그대로 남아있었다고 할 정도로 시간이 지나가는 것도, 배고픈 것도 모르고 삼매에 들어서 정진했던 것이다.

　이처럼 토굴 수행은 만만한 각오로는 중도에 포기하기 십상이어서, 깨달음에 이르는 마지막 고비에서 시도해야만 한다. 그래야만 청화 스님처럼 장좌불와 하는 것도 가능하고, 효봉 스님처럼 문을 진흙으로 봉쇄한 토굴에서 죽기를 각오하고 정진해 '무자' 화두를 타파하는 일도 가능한 것이다. 아직 참선을 통해 득력得力하지 못한 상태에서는 대중이 함께 좌선하는 선방에서 공부하는 것이 한결 수월하고 공부도 잘된다. 선방에서 이력이 붙어 혼자 공부해도 될 정도가 되면 토굴에서 '나홀로 정진'

인도 나란다 대학 독방 공양구   강진 백련사 토굴

을 할 수 있는 조건이 된다. 혼자서 밥하고 빨래하고 청소하는 번거로움을 감내하기 위해서는 오로지 수행에만 전념하겠다는 강한 의지가 없으면 흐지부지 되기 십상이기 때문이다. 자기 절제와 의지가 강한 수행자들은 토굴 수행을 통해 더욱 깊은 수행의 멋과 맛을 경험하기도 한다. 한 수행자는 이렇게 토굴 예찬론을 펴기도 했다.

"홀로 있으면 들려오는 바람소리, 물소리, 새소리…. 산사의 토굴에는 고요한 달빛에 젖어드는 고독이 있고, 솔바람에 낮잠을 자는 여유가 있고, 오솔길을 거니는 한가로움이 있고, 긴 밤을 오롯이 세워 정진하는 몸부림이 있다. 홀로 있으면 사는 것이 단순해지고 조촐하게 지낼 수 있어서 좋다. 의식주가 간단하게 되고, 아무런 꾸밈이 없어지기에 나는 토굴살이를 좋아한다."

– 『토굴 일기』 중에서 –

이처럼 수행자들의 개인 처소나 용맹정진의 장소로 사랑받아 온 토굴은 부처님 당시부터 수행처로 사용되었다.

부처님께서 바라나시에 계실 때 다섯 비구가 여쭈었다.
"세존이시여, 저희들은 어떤 방과 침구로 살아야 하나이까?"
부처님께서 말씀하셨다.
"조용한 곳과 나무 밑과 빈 방과 산골짜기와 굴 속과 한 데와 풀밭과 풀더미 곁과 숲 사이와 무덤 사이와 개울 곁에서 풀이나 잎을 깔고 살라."
『사분율』

부처님 당시 스님들이 머물던 곳은 주로 숲속이나 굴속이었던 것이다. 죽림정사를 시작으로 왕이나 재력가들의 보시로 절이 세워졌지만 이는 안거 때 머물며 수행했던 곳이었으며 기본 생활은 길 위에서 이루어졌기 때문에 나무 밑이나 굴속 생활은 여전했다. 부처님 재세시에 굴을 파서 지내는 생활이 널리 이용됐다는 것은 부처님께서 열반에 든 해에 이루어진 제1차 결집이 칠엽굴七葉窟에서 이루어진 것으로도 잘 알 수 있다. 현재 남아있는 칠엽굴에는 500나한이 들어갔다는 기록에 걸맞게 굴 안에 넓은 공간을 갖추고 있어서 수행에 적합한 공간이었음을 엿볼 수 있다.

이러한 수행처로서의 동굴과 토굴의 본래 의미는 스님들의 '개인 처소'란 개념으로 급격히 바뀌면서 이제는 거의 퇴색하고 있다. 처음에는 산속에서, 다음에는 농촌의 빈집이나 폐가가 토굴로 사용되다가 근래에는 도심의 아파트나 개인 사무실에도 '토굴'이라는 이름이 붙기에 이르렀다. 이쯤되면 수행과는 거의 무관한 요사채 기능에 불과한 주거형태로까지 변모되었다고 볼 수도 있다. 개인의 수행력이 바탕이 되지 않은 토굴 생활은 자칫하면 번뇌와 망상을 키우고 나태를 조장하는 질곡의 길이 될 수도 있다. 수행자는 대중 공부와 개인 공부를 균형되게 하면서 자신의 근기와 의지에 맞게 토굴 수행을 감행하는 것이 바람직하다는 것이 일반적인 시각이다.

문없는 문을 여는 열쇠,
무자 無字 화두

문없는 문을 여는 열쇠는 과연 무엇일까? 문도 없는데 열쇠는 또 무슨 필요가 있을까? 무문관이란 독방의 문을 열고 나오기 위해서는 자기 안에 있는 열쇠를 찾아내야만 한다. 자기의 내면으로 자꾸 들어가다 보면, 깊은 해저와도 같은 무의식과 잠재의식을 투과한 곳에서 열쇠를 발견하게 된다. 아니 어쩌면 그 열쇠를 발견하는 것이 아니라 열쇠 자체가 되는 것인지도 모를 일이다.

48개의 관문을 설치하고선 문없는 문의 열쇠를 찾아내라고 제시하고 있는 『무문관』의 암호를 푸는 방법은 없을까. 만일 하나의 힌트가 주어진다면 『무문관』의 비밀은 '무無'라는 한 글자에 있을 것이다. 사실 『무문관』은 제1칙에 제시한 '조주 무자'가 전부라고 해도 지나친 말이 아니다. 나머지 47칙은 모두 이 '조주 무자'를 철저히 투과했는지를 다시 점

ⓒ 성환스님

48개의 관문을 설치하고선 문없는 문의 열쇠를 찾아내라고 제시하고 있는 『무문관』의 암호를 푸는 방법은 없을까. 만일 하나의 힌트가 주어진다면 『무문관』의 비밀은 '무無'라는 한 글자에 있을 것이다.

검하기 위해 있는 것이라 해도 과언이 아니다.

조주 스님의 '무자 화두'는 오조법연(?~1104) 스님의 상당법문에서 처음 제기되었고, 원오극근(1063~1135)과 대혜종고(1089~1163) 스님에 의해 간화선의 새로운 수행으로 확립되었다. 간화선은 당대 조사선의 사상적 토대 위에서 선승들의 어록과 선문답을 참구하는 수행으로 당말 5대代에 실행되었으며, 송대에는 대혜종고 스님의 간화선이 널리 선양되었다. 간화선 수행의 핵심 공안으로 떠오른 '무자 화두'는 무문혜개 선사의 『무문관』에 의해 공안을 참구하는 간화선 수행체계의 완성과 함께 새로운 지평을 열게 된 것이다. 『무문관』 제1칙 '무자 공안'이 나온 선문답의 한 장면은 다음과 같다.

학인이 조주 스님께 여쭈었다.
"개에게도 불성이 있습니까?(狗子還有佛性也無)"
"없다(無)."
"위로는 모든 부처님으로부터 아래로는 개미에 이르기까지 모두 불성이 있다고 하였는데 왜 개에게는 없습니까?"
"그에게는 업식성業識性이 있기 때문이다."

모든 생명체에 부처의 성품이 있다는 '일체중생 개유불성 一切衆生 皆有佛性' 사상은 여러 경전에 나오는 말씀이다. 즉 부처님이나 보살에서

부터 곤충이나 미물에 이르기까지 몸을 움직일 줄 알기만 한다면 다 불성이 있다고 하셨으니, 개에게도 불성이 있어야 당연한 것이다. 그러나 현실적으로 개미나 미물은 전생의 지은 업보로 인하여 축생이 되었고 지혜도 없다. 이들은 좀처럼 축생의 습성을 바꿀 수 없기 때문에 스스로 부처인 줄 알기 어렵다. 그러므로 불성이 있어도 없는 것이나 마찬가지라는 해석이 나온다. 따라서 개에게는 불성이 없다고도 할 수 없고, 있다고도 하기 애매한 것이다. 이 공안에서 조주 스님이 '업식성 운운' 한 것은 낮은 근기의 학인을 위하여 설명한 것일 뿐이다. '무無'라고 말한 진짜 뜻은 따로 있다는 것이다.

실제로 조주 스님은 『조주록』에서 '개에게 불성이 있느냐?' 는 학인들의 질문에 대해 때론 '있다', 때론 '없다' 고 답하면서 무수한 수행자들을 나아갈 수도, 물러설 수도 없는 진퇴양난의 경지로 몰아 넣었다. 개와 불성에 관한 것이라 해서 '구자 무불성(狗子無佛性 : 개에게는 불성이 없다)' 화두라고도 불리는 이 공안은 사량·분별로는 접근이 불가능하기에 '왜 개에게 불성이 없다고 했을까?' 하고 스스로 화두를 들고 의심할 수밖에 없다.

이러한 불성에 대한 유·무 여부는 이미 부처님 당시에도 화제가 된 문제였다. 부처님께서는 『열반경』에서 불성에 대해 설하시면서 중도中道를 곁들여 이렇게 말씀하셨다.

"불성은 있는 것도 아니며 없는 것도 아니다. 또한 있는 것이며 또한 없는 것이니, 있는 것과 없는 것이 합하는 까닭에 중도라고 한다(佛性 非有非無 亦有亦無 有無合故 名爲中道)."

부처님께서도 이미, 조주 선사와 같이 불성에 대해 있다거나, 없다거나 하는 답변으로 고정적인 답변을 하고 있지 않음을 볼 수 있다. 여기서 불성은 비유비무非有非無, 즉 있는 것도 아니며 없는 것도 아니다. 그런데 있는 것과 없는 것을 완전히 떠나면 역유역무亦有亦無이며, 또한 있는 것이며 또한 없는 것이니, 있는 것과 없는 것이 서로 융합하게 된다. 그러므로 있는 것과 없는 것이 서로 통하므로 중도中道라 하는 것이다.

따라서 있다거나 없다고 할 때의 '없다' 라는데 걸리면 '무자' 화두는 평생 해결 못하는 난제로 남게 된다. 『전등록』에 나오는 선문답은 유・무를 초월한 '무자' 화두의 성격을 다시 한 번 드러내고 있다.

한 스님이 조주 선사에게 질문했다.
"개도 불성이 있습니까?"
"있다."
"화상(조주 스님)은 불성이 있습니까?"
"나는 일체중생이 아니다."
"중생이 아니라고 한다면 화상은 부처입니까?"

"부처도 아니다."

"그러면, 화상은 '무슨 물건(何物)' 입니까?"

"물건도 아니다."

"사물을 보기도 하고 듣기도 합니까?"

"그것은 생각할 수도 없고, 그것을 사의思議해서 얻을 수가 없다. 그래서 불가사의不可思議 라고 말한다."

여기서 말하는 사의思議는 사량·분별심인 중생심을 말한다. 불가사의는 이를 초월한 불심을 의미한다. 불성은 일체의 사량분별을 초월한 불심이기에 생각으로나 알음알이로서는 체득할 수 없다는 가르침을 담고 있다. 결국 어떻게 유有·무無를 초월할 것인지는 각자가 진지하게 참구할 수 밖에 없는 과제이다.

위의 상반된 듯한 두 문답에서 조주 스님은 불성 자체에 관한 당신의 선적禪的 체험을 바탕으로 우주와 '무無'와 일체가 되어 물음을 던진 학인 앞에 그 답을 제시하고 있다. 앞에서 '중도'라는 논리로 불성의 유·무에 대한 교리적인 해설을 가했지만, 그것은 어디까지나 설명일 뿐이다. 경전과 조사어록에 담겨있는 무수한 언설들을 일단 제쳐두고 직접 '무자 화두'와 철저히 한 몸이 되어 조주 스님의 가슴 속으로 들어가 보는 수밖에 없다.

이 화두는 간화선 수행자들이 가장 많이 참구해 온 화두의 하나이기 때문에, 역대의 많은 스님들이 '무자'를 타파하고 깨달음의 일성一聲을 내질렀다. 그 분들이 제시하는 '무자 화두' 참구법과 깨달음의 경계를 참고하는 것은 공부 길의 이정표가 될 수도 있을 것이다.

먼저『무문관』에서 지시하고 있는 무문혜개 스님의 당부를 들어보자.

> "자! 여러분들도 이 조사의 관문을 뚫어보지 않겠는가? 그러기 위해서는 360골절, 8만 4,000 털구멍, 몸 전체가 바로 의심덩어리(疑團)를 일으켜 조주의 무자 공안을 참구하여 밤낮으로 이 문제에 전심 전력하여야 한다. 그러나 조주의 무자 공안을 참구함에 있어 이 '무'를 노장 老莊에서 설하는 허무虛無의 무로 이해해서는 안 되며, 유무의 차별적인 무로 이해하고 참구해서도 안 된다. 일단 이렇게 '무' 자 공안을 문제로 삼고 참구함은, 마치 뜨거운 쇳덩어리를 입에 넣고 뱉을래야 뱉을 수도 없고, 삼킬래야 삼킬 수도 없는 처지에 빠진 것처럼, 지금까지 익히고 배워온 일체의 모든 견해와 식견을 전부 탕진하고, 오래오래 오로지 일념으로 순수하게 공부하여 익혀 나가면, 자연히 자신의 의식과 일체의 외부경계(內外)의 차별 구별이 없어져 하나가 되는(打成一片) 깨달음의 경지를 이룰 수가 있다."

무문 스님은 이처럼 조주 무자 공안을 참구함에 전신이 의단疑團이 되어 무자 화두를 참구하도록 강조하고 있다. 이러한 무자공안 참구법은 대혜종고 스님에 의해 더욱 강조되었다. 대혜 스님은 조주의 무자 공안은 사량분별과 나쁜 지해(知解 : 알음알이)를 타파하는 무기라고『대혜서』의 「부추밀富樞密에 답한 글」에서 다음과 같이 주장하고 있다.

"어떤 스님이 조주 스님에게 '개에게도 불성이 있습니까?' 라고 질문하자, 조주는 '없다(無)' 라고 대답했습니다. 이 '무' 라는 한 자야말로 온갖 잘못되고 그릇된 지해를 쳐부수는 무기입니다. 이 무를 깨달으려면 유·무의 상대적인 의식을 일으켜서는 안 됩니다. 도리道理로서 무를 알려고 해서도 안 됩니다. 의식으로 사량하여 판단해서도 안 됩니다. 눈썹을 치켜올리고 눈동자를 굴리는 곳에 머물러서도 안 됩니다. 말하는 그곳에 생활을 삼아서도 안 됩니다. 일없는(無事) 가운데 머물러서도 안 됩니다. 제시된 공안에 대하여 곧바로 받아들여서도 안 됩니다. 문자 가운데서 증거를 찾으려 해서도 안 됩니다. 오직 한결같이 하루종일 행주좌와의 일상생활 가운데서 언제나 무자 공안을 들고 정신 차려 참구해야 합니다. '개에게도 불성이 있습니까?' '무' 라는 문제를 일상생활 가운데서 잠시라도 놓치지 말고 이와 같이 공부하게 되면 한 열흘만에 곧 바로 스스로 깨닫게 될 것입니다."

무자 화두 드는 법은 대혜종고 스님을 비롯해 대대로 깨달음을 얻은 선사들이 제자들에게 자상하게 설했기 때문에 우리 고승들도 무자 공안 참구법을 언급하고 있다. 중국 임제종의 석옥청공 선사로부터 인가를 받은 고려 말의 태고보우(1301~1382) 스님은 부처나 조사들이 전한 묘한 진리는 문자나 언어에 있는 것이 아니니 오직 화두를 참구하고, 얻는 것이 있으면 진짜 스승을 찾아가 점검을 받을 것을 강조했다. '무자 화두'를 강조한 선풍은 『소선인에게 주는 글(示紹禪人)』에 잘 나타나 있다.

"생각 생각에 무자 화두를 들어라. 행주좌와 行住坐臥 어느 때나 옷 입고 밥 먹을 때 항상 무자 화두를 들되, 고양이가 쥐를 잡고 닭이 알을 품듯 해야 한다. 무엇 때문에 '없다'고 하였는가를 의심하여 의심과 화두가 한 덩어리로 된 상태로 어묵동정 語默動靜에 항상 화두를 들면 점차 자나 깨나 한결같은 경지에 이를 것이다. 그때 화두가 마음에서 떠나지 않아 생각이 없고 마음이 끊어진 곳에까지 의심이 이르면 금까마귀(태양)가 한밤중에 하늘을 날 것이다. 이때 희비의 마음을 내지 말고 진짜 종사를 찾아 의심을 완전히 해결해야 한다."

그렇다면 무자 공안을 타파한 선사들이 체험한 경계는 과연 어떤 것일까? 무문 스님은 '무자 공안'에 대해 "개한테도 불성이 있는가? 전부 그대로 제시된 부처님의 명령. 조금이라도 유무의 분별심에 떨어지면 곧바로 목숨을 잃게 되리라."고 노래했다.

한국 선종의 중흥조인 태고보우 스님은 '무자 화두'를 깨쳐 견성한 한국의 대표적인 도인이다. 태고보우 스님은 26세 이후, 불각사에 머물면서 『원각경』을 읽다가 "모두가 다 사라져 버리면 그것을 부동 不動이라 한다."는 어구 語句에 이르러 모든 알음알이가 없어졌으며, 또한 7일째

되는 날 갑자기 조주 선사의 '무無' 자를 보았으나 마치 쇠뭉치를 입으로 씹는 것 같았다. 이에 두 가지의 의심을 깨뜨릴 수가 없어 매단원梅檀圓이란 토굴에 들어가 다시 곡기를 끊고 장자불와 정진에 들어가 무인년 1월 7일 새벽에 까마귀 울음소리를 듣고 확철대오하고 다음과 같은 오도송을 지었다.

조주 옛 부처가, 앉아서 천성千聖의 길을 끊고
취모리(吹毛利 : 예리한)의 검을 들이댐에, 온몸에 빈틈이 없네.
여우와 토끼는 자취도 없고, 몸을 뒤쳐 사자가 나타났네,
튼튼한 관문을 부순 뒤에, 맑은 바람이 태고암에 불어오네.

일제 강점기에 3·1운동을 주도했던 33인의 한 분이신 용성 스님 역시 이 '조주 무자'를 투과하고 깨달음의 경계를 이렇게 노래했다.

개에게 불성이 없다 함은	狗子無佛性
조주 스님의 망령된 분별이요	趙州妄分別
봄날 동쪽 호수의 물은 푸르른데	東湖春水綠
백구는 한가로이 떴다 가라앉았다 하는구나.	白鷗任浮沈

현대의 거사불교를 크게 일으킨 백봉 김기추 거사는 1964년 정월, 심

우사에서 철야선정 徹夜禪定에 들었다가 때마침 『무문관』에 나오는 '비심비불(非心非佛 : 마음도 아니요, 부처도 아니다)'의 네 글자를 바라보고 문득 '무자 화두'를 깨뜨리면서 돈오 頓悟했다. 그때 백봉 거사의 온 몸이 눈부시게 발광 發光하자, 심우사 대중들은 한결같이 놀라면서 삼배를 하며 그 앞에 엎드렸다고 한다. 때마침 마을쪽에서 종소리가 들려오자 백봉 거사는 다음과 같이 깨달음의 심경을 드러낸 오도송을 읊었다.

홀연히 들리나니 종소리는 어디서 오나　忽聞鍾聲何處來
까마득한 하늘이라 내 집안이 분명하이　寥寥長天是吾家
한 입으로 삼천계를 고스란히 삼켰더니　一口吞盡三千界
물은 물, 산은 산, 스스로가 밝더구나.　水水山山各自明

한편 일본 임제종의 중흥조인 백은 白隱 선사와 그 스승인 정수 正受 노인 사이에 '무자 화두'를 화제로 한 다음과 같은 선문답이 전해오고 있다.

정수 노인이 백은 스님에게 물었다.
"조주의 무 無라는 것은 무엇인가?"
백은 스님이 의기양양하게 대답했다.
"우주에 충만해 있으며 손을 댈래야 댈 수도 없는 것입니다."
정수 노인은 이 말이 떨어지자 마자 즉시 손을 뻗쳐 백은 스님의 코를 잡아 비틀면서 "나는 얼마든지 손을 댈 수 있지!" 하며 소리내어 크게 웃고는 제자 백은을 다그쳤다.

"이 토굴 속의 사선(死禪 : 죽은 선) 중아! 그런 무無로 충분하다고 생각하느냐!"

백은은 이를 큰 깨달음을 얻는 계기로 삼았다고 한다.

이와 같은 선문답과 법문을 통해 우리는 진리나 깨달음은 우리가 긍정한다고 생겨나거나, 부정한다고 사라지는 것이 아님을 알 수 있다. 불성은 있다거나 없다거나 하는 상대적인 분별을 초월해 있기 때문이다. 이러한 취사선택에 떨어지지 않기 위해서는 '있다'는 견해와 '없다'는 견해에서 벗어나 중도의 지혜를 터득해야 함은 물론이다. 유·무를 넘어선 중도, 나아가 중도에도 머물지 않는 제일의공第一義空의 바탕에 서지 않는 한 문없는 문의 관문을 넘어서기란 요원한 일일 것이다.

생사 해탈의 관문, 사관 死關

"나는 이제 차라리 스스로 절벽 위에서 이 몸을 던져 큰 바위에 떨어질지 언정, 모든 독약을 마시고 목숨을 끊을지언정, 또한 스스로 아무 것도 먹고 마시지 않아 죽을지언정, 만약 내가 마음에 다짐한 대로 중생들을 고통의 바다에서 해탈시키지 못한다면 결코 카필라 성에 다시 돌아가지 않으리라."

『불본행집경』

부처님의 출가 장면을 출가의 의미로 상징화하여 성을 뛰어 넘는 모습으로 표현한 '유성출가상 踰城出家相'의 한 장면에서 나오는 부처님의 독백이다. 부처님께서 중생을 제도하기 위하여 이 세상에 나타나 여덟 가지의 모습으로 나툰 팔상성도 八相成道의 네 번째 그림이다. 이러한 극

생사 문제를 해결하기 위해 생사조차 잊고서 정진에 정진을 거듭하고 있다. 결국 생사의 윤회로부터 벗어나기 위해서는 '생사'라는 관문을 돌파할 수 밖에 없기에 목숨을 건 용맹정진의 과정이 마치 '필요악'처럼 존재했던 것이다.

적인 장면에서 부처님은 목숨을 걸고 깨달아 자리이타自利利他를 실현하고야 말겠다는 비장한 각오를 밝히고 있다.

그렇다면, 부처님께서 설산에서 목숨을 걸고 깨닫고자 한 것은 무엇이었을까. 그것은 출가의 목적에서도 나타나 있듯이 '나고 죽는 큰 일(生死大事)'을 해결하기 위함이었다. 부처님께서는 사선死線을 넘나드는 고행 끝에 고행의 무모함을 체험하고, 고행도 쾌락도 아닌 중도행中道行으로 깨달음을 얻으셨다. 하지만 죽음을 각오한 수행의 과정이 없었다면 중도의 이치를 알 수도 없었을뿐더러 중도행으로 깨달아 일대사一大事를 마칠 수도 없었을 것이다. 그만큼 간절한 구도행은 목숨을 내건 용기와 결단 없이는 실행하기 어려운 일이기에, 팔상성도에는 부처님의 고행상이 그려져 있는 것이다.

이처럼 수행은 생사를 거듭하는 윤회로부터 벗어나기 위한 몸부림이기에 생사를 넘어선 각오와 노력 없이는 열반의 자유를 누리기는 어려운 일이다. 그래서 생사해탈하는 것이 수행자의 '가장 큰 일(一大事)'라 한 것이며, 출가생활의 모든 노력이 이를 해결하기 위해서 포커스가 맞춰져 있었던 것이다.

결국 생사의 윤회로부터 벗어나기 위해서는 '생사'라는 관문을 돌파할 수밖에 없기에 목숨을 건 용맹정진의 과정이 마치 '필요악'처럼 존재했던 것이다.

이와 같이 역사상 많은 선승들이 목숨을 건 수행을 단행했지만, 결연한 의지를 표명한 대표적인 명칭을 든다면 바로 '사관死關'일 것이다.『선요』의 저자인 송나라 고봉원묘(1238~1295) 선사가 '사관'이란 이름을 붙임으로서 용맹정진이 깨달음을 얻기 위한 더욱 필수불가결한 과정의 하나로 여겨지게 되었다. 고봉 스님이 죽기를 각오하고 출입자체를 스스로 봉쇄해버린 용맹정진 처인 '사관'의 위치는 천목산 사자바위 서쪽 동굴이었다. 사다리가 없으면 올라갈 수 없는 곳인데도 그 사다리마저 치워버리고 모든 인연을 끊고 공부했다. 열반 후에는 제자들이 그 자리에 선사의 전신사리 그 자체로 부도탑을 세웠다고 한다. 물론 이는 선사의 유언에 따른 것이다. 이런 정신은 깨닫기 전에는 문밖으로 나가지 않겠다는 무문관 수행의 절박함과 맥을 같이 하고 있다.

  고봉 스님은 중국 불교가 쇠퇴기를 맞은 원대元代에 천목산으로 자취를 감췄지만, 오히려 그의 명성은 더욱 알려졌다. 그의 문하에 중봉명본(1263~1323) 스님이 출현, 중국 선계를 이끈 것도 결코 우연이 아니다. 고봉 스님은 천목산의 사자암에 들어가 바위동굴에 작은 토굴을 마련하였다. 한 자(一丈) 남짓되는 동굴 속에서 거처를 마련하고, 시자도 물리치고 깨진 동기로 솥을 삼아 이틀에 한 끼만 먹고 30여 년간 고행했다. 고봉 스님은 공양이 끝나면 사관 옆의 동구나무 밑에서 나오는 물로 발우를 씻었는데, 어느 날 발우에 흙이 묻은 것을 발견하고 그 흙으로 찻그릇을 만들게 된다. 그것이 바로 오늘날 중국의 국보로 사랑받는 '천목차완'이라 한다.

  남송 말기에 태어나 원나라 초기까지 일생을 보낸 고봉 스님은 육조혜

능 문하 23대손이며, 임제문하 17대 적손이다. 15세에 출가, 17세에 구족계具足戒를 받았고, 18세부터 천태교를 배웠다. 20세에 기존의 교종에서 선종으로 수행노선을 바꾸고, 3년의 '죽음의 기간(死限)'을 정하여, 몸도 씻지 않고 머리도 깎지 않고 자리에 눕지도 않는 각고의 장좌불와 정진에 몰입했다. 21세때 단교묘륜 선사에게서 '만법귀일 일귀하처萬法歸一 一歸何處' 즉, '만 가지 법이 하나로 돌아가니, 하나는 어디로 돌아가는고?'란 화두를 받았고, 설암조흠 선사에게서 '너의 송장을 끌고 온 것이 무엇인가?'란 화두를 받았다. 24세가 된 해의 3월 16일, 일찌기 단교 화상에게서 받은 '만법귀일 일귀하처' 화두에 의심이 생겨 음식과 잠을 잊은 채 참구하였다. 3월 22일 오조법연 스님의 영정에 붙인 찬讚에 "백년, 3만 6천일을 반복하는 것이 원래 이 놈이다."라는 구절을 보는 순간, "송장을 끌고 다니는 이놈이 무엇인고?" 화두를 깨쳤다. 그후 어느 날 도반 되는 스님이 잠을 자며 몸부림치다가 목침을 바닥에 떨어뜨리는데, 목침이 바닥에 떨어져 소리를 내는 순간, 크게 깨달아 확철대오 했다.

고봉 스님은 『선요』에서 확철대오의 순간을 다음과 같이 자세히 밝히고 있다.

그후 화상께서 물으시기를, "번잡하고 바쁠 때에 주재主宰가 되느냐?" "됩니다." "꿈속에서 주재가 되느냐?" "네! 됩니다." 다시 물으시기를 "잠이 깊이 들어 꿈도 없고 생각도 없고 보는 것도 듣는 것도 없을 때 너의 주인공이 어느 곳에 있느냐?" 하시는데, 이에는 가히 대답할 말도 없고 내어 보일 이치도 없었으니 이에 화상께서 부촉하시기를 "너 이제부터는 부처도 법도 배울 것 없으며 고금古今도 공부할 것 없으니 다만 배고프면 밥을 먹고 곤하면 잠을 자되, 잠이 깨거든 정신을 가다듬고 '나의 이 일각一覺 주인공이 필경 어느 곳에 안심입명安心立命하는 것일까?' 참구하라." 하시었다. 그때 내 스스로 맹세하기를 "내 차라리 평생을 버려 바보가 될지언정 맹세코 이 도리를 명백히 하고야 말리라." 하고 5년이 지났더니, 하루는 잠에서 깨어 정히 이 일을 의심하고 있는데 같이 자던 도반이 잠결에 목침을 밀어 땅에 떨어뜨리는 소리에 홀연 저 의단을 타파하고 나니, 마치 그물에 걸렸다가 풀려 나온듯 하고 불조의 심난한 공안과 고금의 차별 인연에 밝지 않음이 없게 되어, 이로부터 나라가 평안하고 천하가 태평하여 한 생각 함이 없이 시방十方을 평정하였느니라.

고봉 스님은 그후 사관死關이란 간판을 내어걸고 15년간 두문불출하며 찾아오는 이들을 다음과 같은 삼관三關 화두로 시험하였다. 첫째, 밝은 해가 허공에 떠서 비추지 않는 곳이 없거늘, 무엇 때문에 조각구름에 가리웠는가? 둘째, 사람마다 그림자가 있어서 한 걸음도 옮기지 아니하되, 무엇 때문에 밟혀지지 않는가? 셋째, 온 대지가 불구덩이이다. 무슨 삼매를 얻어야 불에 타지 않겠는가? 이것이 고봉 스님이 제시한 3단계의 관문이다.

1295년(원나라 2대 성종) 12월 1일, 세수 58세, 법랍 43세로 입적한 스님은 "찾아와도 사관死關에 들어오지 않았고, 갔어도 사관을 벗어나지 않았다. 쇠뱀이 바다를 뚫고 들어가 수미산을 쳐서 무너뜨리도다." 라는 열반송을 남겼다.

고봉 스님과 같이 죽기를 각오하고 생사의 관문을 돌파하는 '사관'은 중국은 물론 한국의 역대 고승들도 그 흔적을 보여주고 있다. 역사상 걸출한 고승들은 대부분 이러한 관문을 거쳤지만, 기록을 남긴 대표적인 고승으로는 자장 스님과 진표 스님이 있다.

신라의 자장(590~658) 율사는 양친을 여읜 뒤 인생의 무상함을 실감하고 처자와 이별한 뒤 원녕사를 지어 고골관枯骨觀 즉 백골관白骨觀을 닦았다. 몸의 실상을 알고 집착을 버리게 하는 '백골관'은 죽음을 명상하는 대표적인 수행법이다. 시체 옆에서 몇 달 간 머물면서, 육신이 썩어 백골이 되어 가는 과정을 지켜보는 것으로, 이 수행을 하고 나면 모든 탐욕이 사라진다고 한다. 『대념처경』에서는 "수행자들이여, 수행자는 마치 공동묘지에 버려진 시체가 죽은 후 하루, 이틀 또는 사흘이 지나서 부풀고 검푸러지고 썩어가고 있는 것을 보고, 이 몸을 주시하되, '이 몸도 이와 같은 현상(法)에 의해 이와 같이 되어서, 그것을 벗어나지 못하리라.'고 생각한다."고 기록되어 있다.

자장 스님은 이러한 백골관 수행을 위해 작은 방을 만들어 주위를 가시로 막고 맨몸으로 그 안에 앉아 움직이면 가시가 찌르도록 하였고, 심지어 머리를 들보에 매달아 정신의 혼미함을 물리치는 혹독한 고행을 하였다. 그때 조정의 재상자리가 비어 관례대로 진골출신인 자장 스님이 문벌로서 결정되어 여러차례 부름을 받았으나 응하지 않았다. 이에 왕이 조칙을 내려 '취임하지 않으면 목을 베라'고 하였다. 자장 스님은 칙명을 듣고 "내 차라리 계를 지키고 하루를 살지언정 계를 깨뜨리고 백 년 살기를 원하지 않는다."고 하였다. 왕도 어쩔 수 없이 출가를 허락하였다. 이후 자장 스님은 선덕여왕 5년(636) 제자 승실 등 10여 명을 데리고 당나라 청량산 문수보살상 앞에서 기도하였다. 7일 만에 문수보살을 친견하였고, 다음 날 어떤 승려로부터 가사와 발우, 불두골佛頭骨 한 과顆를 받았다고 한다.

한편, 신라 경덕왕 때의 고승인 진표(생몰년 미상) 율사는 부사의방不思議房이라는 사관에 들어가 인간의 한계를 넘어선 고행을 통해 생사의 관문을 돌파했다.

12세에 출가하여 금산사의 순제順濟 스님에게 사미계법沙彌戒法을 받은 진표 율사는 760년(경덕왕 19) 쌀 20말을 쪄서 말려 변산의 천길 낭떠러지 위의 작은 공간인 부사의방에 들어갔다. 여기서 미륵상 앞에서 부지런히 계법을 구하였으나 3년이 되도록 수기授記를 받지 못하자, 바위 아래로 몸을 던졌다. 이때 청의동자靑衣童子가 나타나 손으로 받들어 바위 위에 올려놓았다. 다시 뜻을 발하여 3·7일(21일)을 기약하고 부지런히 참회하였다. 3일째가 되자 손과 발이 부러져 떨어졌고, 7일째 밤에 지장보살이 금 지팡이(金杖)을 흔들며 와서 손과 발을 고쳐주고, 가사와 발우를 주었으므로 신심을 얻어 더욱 수도에 정진하였다. 3·7일을 채우자 천안天眼을 얻어 도솔천의 대중이 내려오는 모습을 볼 수 있었다. 이때 지장보살은 계본戒本을 주고 미륵보살은 제9간자簡子와 제8간자라고 쓰여 있는 목간木簡을 주었다. 미륵보살은 "이 두 간자는 내 손가락뼈로서 시각始覺과 본각本覺의 두 각을 비유한 것이다. 또, 제9간자는 법이 법이法爾이고 제8간자는 신훈 성불종자新熏成佛種子이니, 이것으로써 과보를 알 것이다." 라고 하였다.

이때가 762년 4월 27일이다. 진표 율사는 지장과 미륵 두 보살로부터 교법을 전해 받고 산에서 내려와, 대연진大淵津에서 용왕으로부터 옥과 가사를 받았고 그 용왕의 권속들의 도움으로 금산사를 중창하였다고 한다. 이때부터 그는 금산사에 머물면서 해마다 계단戒壇을 마련하고 교화를 폈다. 진표 스님은 그 뒤 금산사를 떠나 속리산을 거쳐 강릉으로, 다시 금강산으로 옮기면서 중생을 교화하였다. 금강산에 들어가 발연사를 창건하고 7년간 머무르면서 점찰법회占察法會를 열었으며, 흉년으로 굶주리는 많은 사람들을 구제하였다.

자장, 진표 율사처럼 목숨을 걸고 구도의 길에 나선 수행자가 그 얼마나 많았던가. 이러한 전통은 불교를 창시한 부처님께서 진리를 위해서는 목숨을 아끼지 않은 실천정신에서 기인했다고 볼 수도 있다. 부처님께서는 구도자로서 전생에 한 구절의 가르침을 얻어 듣기 위해서 위법망구(爲法忘軀 : 법을 위해 죽음을 두려워 하지 않는다)한 일화를 여러 경전에서 전하고 있다.

부처님께서 설산 동자라는 수행자로 태어났을 때의 전생담이다.

설산 동자는 수행을 위해 여기 저기 산천을 유행하다가 어느 험한 산 바위 밑에 이르러 쉬고 있었다. 그 때 어디선가 진리의 가르침인 게송의 반 구절이 조용히 들려왔다.

"모든 것은 무상하며 이것은 생멸의 이치다(諸行無常 是生滅法)."

설산 동자는 이 말을 마음에 깊이 새기면서 다음 구절을 기다리고 있었다. 그러나 아무리 기다려도 뒷말이 이어지지 않자, 기다리다 못해 소리를 질렀다.

"뉘신지는 모르나 그 다음의 구절을 마저 가르쳐 주십시오."

한참 후에야 나찰귀신이 나타나서 말했다.

"그 법구法句는 내가 부른 노래인데 다음 구절을 말하려니 배가 고프고 힘이 없어서 더 이상 말을 할 수가 없습니다."

"그렇다면 제가 음식을 제공하고 법을 듣고 싶은데 무엇을 드시겠습니까?"

"나는 나찰귀신이라 살아있는 사람의 뜨거운 피만 먹습니다."

"그렇다면 법을 듣기 위해서 내가 그것을 공양올리겠습니다. 그런데 내가 듣고 죽어야지 죽은 뒤에는 설해 줘야 소용이 없으니 먼저 설해주십시오. 약속은 지키겠습니다."

이렇게 하여 먼저 듣고 난 뒤에 죽어서 뜨거운 피를 공양하기로 하고 설산 동자가 들은 법문이 다음의 구절이다.

"생과 멸이 다 소멸하고 나면 적멸한 것이 즐거움이니라(生滅滅己 寂滅爲 樂)."

이 게송을 듣고 난 설산 동자는 깨달음을 얻고 크게 기뻐하였다. 그러나 혼자만 알고 목숨을 마치기에는 아까운 생각이 들어 여기 저기 바위벽에 다 써두고, 높은 바위에 올라가서 몸을 날려 나찰귀신에게 공양하였다. 육신을 던져 법공양을 한 것이다.

이와 같이 깨달음을 얻기 위해서, 또는 그 가르침을 널리 전하기 위해서 목숨을 돌보지 않고 공양하고 희생하는 위법망구의 삶은 위대하고 아름다운 삶이 아닐 수 없다. 부처님께서는 그와 같은 생을 수 없이 거듭하였다고 한다. 역대 조사스님들도 그렇게 사신 분들이 수도 없이 많다.

수행자는 '구도자求道者'라는 말이 내포하듯이, 도를 구하는 마음이 목숨을 버릴 정도로 간절하지 않을 수가 없다. 그러나 도를 구한다고 해서 조급한 마음으로 도에 집착하거나 분별을 일으킴은 절대 금물이다. 욕심이 앞설 경우는 상기병(上氣病 : 열이 몸 위로 올라오는 선병)에 걸리거나 사도邪道에 들기 십상이기 때문이다. 오로지 간절하고 순수한 구도의 마음으로 사심없이, 지나치지도 부족하지도 않게 구도의 여정을 지속해야 한다. 부처님께서도 "거문고 줄은 적당히 팽팽해야 가장 좋은 소리가 나온다."고 공부의 요령을 비유한 바와 같이, 수행자는 급하지도 게으르지도 않게 중도中道의 길로 묵묵히 나아가는 수 밖에 없다.

선지식들은 최후의 집착에 해당되는 열반·보리·깨달음에 대한 애착과 분별마저 놓아야만 비로소 진실이 그 자리에서 실현된다고 거듭 강조한다. 생사의 관문을 돌파하는 무문관 수행자들은 오늘도 목숨을 내건 용맹심과 함께 몸과 마음을 균형되게 닦으면서 '줄 없는 거문고(沒弦琴)'를 연주하고 있을 것이다.

© 영남불교대학

제2부
무문관 수행일기

무문관 수행일기는

　무문관 수행일기는 남쪽의 어느 선원 무문관에서 3년 7개월 간의 폐문 정진을 마치고 나온 한 수좌스님이 온몸으로 병고病苦를 이겨내며 쓴 생생한 참선 수행의 기록이다. 수행일기는 약 10개월 동안의 무문관 생활에서 겪은 소박한 이야기를 솔직담백하게 적고 있으며, 참선 중에 겪은 내면의 체험을 가감없이 기록한 귀중한 기록이다. 하지만 수행일기는 시간이 지남에 따라 기록의 양이 짧아지고 급기야 10개월여 만에 중단되고 만다. 이는 모든 언어와 문자를 초월해 침묵의 세계로 들어가는 수행자의 사교입선捨敎入禪의 여정을 적나라하게 보여주는 실례이기도 하다.

　당초 수행일기를 쓴 수좌스님은 이 일기를 공개할 생각이 전혀 없었다. 그러나, 무문관 수행에 대한 기록물이 전무해 새로 무문관에 들어가는 수행자들이 어려움을 겪고 있는 점과 불교계 내외의 무문관 수행에 대한 높은 관심을 부분적으로 나마 소개해야 한다는 출판사와 필자의 명분에 떠밀려 부득이하게 공개한 것이다. 수행일기는 원문을 그대로 유지하였으며, 전문용어는 일부 한자와 주석을 달아 독자들의 이해를 돕도록 편집했다.

이 수행일기의 주인공은 처음 무문관에 입방했을 때 이런 각오를 밝히고 있다.

"나는 여기 무문관에 날짜 채우려고 들어오지 않았다. 단지 화두를 뚫기 위하여 들어왔을 뿐이다. 화두가 간간이 끊어지기도 하고 성성하기도 하지만, 그저 의심을 키워 나가려고 할 뿐이다.

이 뭣고(是甚麽)?"

3월 4일

무문관으로 출발하기 전, 고명한 신도님이 내게 말했다.

"훌륭한 스님 되시어 온 천지에 이름 드날리시고 나랏님의 부름에 참석하시도록 하옵소서."

"저는 이름을 드날리기 위해 공부하는 게 아닙니다. 단지 제 스스로 답답해서입니다. 그리고 제가 나랏님의 부름에 나아가는 것이 아니라, 바쁘신 분이 한가한 이에게 오셔야지요." 나는 웃음 지으며 이렇게 대답 아닌 대답을 했다.

사시공양(巳時供養 : 절에서 먹는 점심)을 한 후 차 한 잔을 마시고 절을 나섰다. 예약한 표를 건네받고 의자에 기대어 쉬고 있는데, 신도 몇 분이 오셔서 출발 시간까지 이야기 하다가 일일이 악수하고는 출발했다.

3월 5일

도반 스님의 절에서 아침에 죽을 먹고 무문관으로 왔다. 차와 점심을 먹고 앞으로 정진할 방을 여러 도반 스님과 함께 살펴보았다. 방은 건물의 가장자리에 위치하여 조금 무겁게 다가왔다. 몇 평 남짓 되는 방인데, 화장실 겸 샤워실이 있고 전자렌지도 있었다.

도반 스님들께서 이 곳까지 배웅 아닌 배웅을 해주어 한편으로 감사하다. 모두들 돌아가시고 난 후 방 정리를 하니 피로가 몰려왔다.

3월 6일

사시 공양 이후 바깥 출입을 삼간다. 방은 ○○호로, 세로 장판 7개와 가로 4개 정도의 크기로 되어 있고 앞과 우측에는 창문이 있다. 어제부터 계속해서 비가 내린다. 오후 4시 10분 정도가 되자 반찬을 가져왔다. 반찬 종류는 김치, 깍두기, 갓김치, 통김, 고추장, 된장, 간장, 치즈 등이다.

무문관에 간다고 하였더니, 어느 스님이 물었다.

"얼마나 있을 건가요?"

"글쎄요."

"스님, 한 4년이나 6년 정도 정진하면 기록 세우겠네요."

나는 웃음을 짓고는 속으로 이렇게 생각했다. '내가 무문관에 들어가는 이유는 답답해서이다. 이 답답함을 풀기 위함이지 신기록 따윈 나하고 별 상관이 없다. 이 뭣고?'

3월 7일

바람이 많이 분다.

피로가 쌓여 잠이 계속 와서 아침 늦게 일어났다. 사시 공양 전에 배가 고파서 공양이 들어오기를 기다렸다. 공양 후 좌선하다 몸이 피곤하고 마음마저 게을러서 다시 잠을 잤다. 잠을 깬 후 다시 좌정하였고, 저녁 예불 종소리에 잠시 쉬었다가 좌선에 들었다. 그러나 몸에 피로함이 몰려와 다시 자리에 누웠다.

잠시 꿈을 꾸었다.

바다에서 배를 탄 사람들과 함께 서로 시합을 하는데, 급물살에 여러 번 배가 좌·우, 위·아래로 돌더니 마침내 좌초되고 말았다. 다행히 나와 동료들은 배에서 나와 죽은 동료들을 건지려고 힘을 쓰는 사이에 꿈을 깼다. 꿈에는 내가 무슨 선수였나 보다.

지금까지는 아무런 계획 없이 잠자고 싶으면 눕고, 좌선하고 싶으면 앉았다.

3월 8일

새벽녘 종소리가 간간히 들린다.

몇일간 몸을 쉴 요량으로 잠시 일어났다 다시 누웠다. 아직까지 아무 계획은 없다. 단지 그때그때 생각에 맡길 따름이다. 속단하기 이르지만 이런 곳이 내게는 체질일 것 같다는 생각도 든다. 점심 시간 전인데도 배가 고프다는 생각이 들자, 때마침 공양이 들어왔다.

6일부터 티벳식 절[●]을 시작하였다. 공교롭게도 인도에서 티벳식 절을

● 티벳식 절은 머리, 두 팔, 두 다리가 완전히 땅에 닿게 절하는 오체투지五體投地를 말한다. '몸이라고 하는 다섯 가지를 땅에 던진다'는 의미의 오체투지란 말에는 색깔, 소리, 냄새, 맛, 감촉에 대한 망상을 내려놓는다는 깊은 뜻도 담고 있다. 그리고 단지 이런 저런 의견을 달던 마음인 의근意根만을 깨워둔다는 뜻도 내포하고 있다. 티벳인들은 오체투지를 하며 티벳 자치구에 위치한 도시 라사에 있는 포탈라궁까지 소원을 빌며 수천 킬로미터를 절을 하며 정진한다. 길게는 수년 동안 대를 이어 절을 하기도 한다. 오체투지는 참회를 통한 업장과 아상我相의 소멸로 무상無常, 고苦, 무아無我의 삼법인三法印을 깨닫는 수행적 의미를 담고 있다.

할 때 입은 바지를 가지고 들어와 입고 절을 하게 되었다. 복부의 피부와 갈비뼈에 조금의 통증이 온다.

좌선할 때 몸이 그다지 무겁게 느껴지지 않았다. 새벽, 오전, 오후, 저녁 나누어 두 시간씩 그러니까 8시간을 기본적으로 좌선하되, 좌복에 앉고 싶으면 앉고, 의자에 앉고 싶으면 의자에 앉아 정진할 것이다.

3월 9일

방 구조를 몇 일 사이에 다시 바꾸었다. 방이 넓고 빛이 너무 환하게 밝다. 그래서 복도에서 정진하기로 하였다.

사시 공양 반찬이 내게는 너무 호화롭게 여겨졌다. 콩비지, 배춧국, 무채, 치커리, 상추무침, 두부무침 그리고 밑반찬인 콩장, 김치 등이었다.

점심 공양 후 정진은 그저 그랬다. 저녁 시간은 매우 흡족하였다. 티벳의 고승 밀라레빠(1042~1123)의 토굴(동굴)에 비하면 너무나 좋은 환경 속에서 정진하는 것 같아 부끄럽기 짝이 없다. 순간순간 최선을 다할 것이다. 이 뭣고?

밤 10시 40분이 지나간다. 좌선 후 방에서 포행을 돌다 의자에 기대어 본다. 연거푸 하품이 나왔다. 이 뭣고? 이 뭣고?~.

3월 10일

"화두는 번뇌의 뿌리를 끊어버리는 날카로운 칼이며 망상을 불태워 버리는 용광로다."라고 하신 옛 선배님들의 글귀가 언뜻 지나간다. 염불이니 참선이니 하는 것도 따져 보면 생사의 일을 해결하는데 있지, 다른 목적이 있는 것이 아니다. 만약 어떤 수행의 목적이 견성성불見性成佛이 아니라면 분명 외도의 소행일 것이다.

점심 공양이 기다려진다. 문 여닫는 소리가 일시적인 안도감을 가져다 준다. 찬 뚜껑을 열자, 오늘도 역시 정성들여 담은 반찬들이다. 국수와 쑥갓, 두부, 버섯, 바다에서 난 것들, 단무지, 도라지 무침 등이다. 이 음식을 먹고 정진하는 데 에너지 쏟지 않으면 죽어서 이 몸을 정진하는 자에게 공양할 게 뻔하다. 나는 감사한 마음으로 최선을 다해 죽음과 삶을 초월하리라 다짐하였다. 온 몸의 세포가 먹을 것을 기다리고 있었던 게 분명하다. 찬통과 밥을 보자 현기증도 이내 사라져 버리지 않았나?

3월 11일

간사한 게 마음이로구나. 옛 선배님들의 말씀이 확실하게 다가온다. 부처님께서는 '찰나에 900번 생멸(生滅 : 나고 죽음)한다' 고 하셨다. 나는 아직 그렇게 까지는 느껴보지 못했지만, 어쨌든 마음은 너무 간사하다는 느낌이 든다.

가만히 생각하니 공부 시작할 땐 지난 옛일들이 스쳐 지나가더니, 지금은 앞으로의 일들이 생각지도 않았는데 떠오른다. 조심해야 겠다. 화두 놓치지 않게 각별하게 주의할 것이다. 오늘부터 가행정진加行精進*이다. 며칠까지 할수 있을런지는 몰라도….

이 뭣고? 이 뭣고?

3월 12일

아침에 잠이 늦게 깨었다.

한편으로 스스로 꾸짖어 보았다. 초발심자경문에 '파거불행이요, 노인불수(破車不行 : 부서진 수레는 움직이기 힘들고 老人不修 : 늙은 사람은 닦기 힘들다)라 했는데, 벌써 노인이 되어 누워 일어나지 않나?'라고. 주인공아! 화두는 역력하냐? 화두가 성성(惺惺 : 또렷또렷)하냐고?

이 뭣고? 이 뭣고?

옛 부처님도 그랬고 조사 및 모든 선배들도 나와 같이 범부에서 공부 시작하였다고 한다. 예전에 다 범부였지 않았던가! 주인공아, 너도 열심히 정진하면 부처님과 선배님들과 같이 될 수 있다. 오로지 화두만 챙기면 된다. 이~ 뭣고? 옛 선배님들 하나도 부럽지 않다. 왜냐하면 나도 '이 뭣고?' 하니깐.

사시 공양 때엔 공양과 반찬이 많아 따로 덜어서 담아 두고 그릇은 돌려보냈다. 세상사는 미망迷妄에서 비롯되고 미망은 번뇌가 아닌가? 번

● 가행정진은 일정한 기간을 정해 평상시보다 한층 힘을 내어 좌선정진坐禪精進하는 것을 말한다. 일반적인 선방에서는 가행정진 기간에 보통 7일, 21일, 100일 등 기한을 정해 하루 3시간만 자고 15시간씩 좌선한다.

뇌 또한 보리菩提 아닌가? 어찌 세상사를 등지고 보리를 얻을 수 있겠는가?

3월 13일

저녁 예불 대종소리가 울리고 멀리서 노루 울음소리가 들린다.

새벽부터 지금까지 '이 뭣고?'를 하는데, 망상이 스쳐오면 화두를 들고 경계에 봉착할 때도 화두를 들고, 이 글을 적으면서도 화두를 들고 있다.(희미하지만) 그러나 진정으로 의심된 화두가 아니어서 화두에 힘이 없다.

옛 선배님들과 모든 부처님께서 먼저 보았던 그 자리를 향해 나아간다. 이 뭣고? 이 뭣고?

80년대 말, 강원을 졸업하고 태안사에서 산철결제˚ 정진을 할 때, 혼자 용맹정진 한답시고 밤새 씨름하던 생각이 떠올라 웃음이 났다. 용맹스레 앉아 화두를 들고, 화두 놓치지 않기 위해 잠을 안 자려고 할 때가 벌써 10년이 지났지만, 아직까지 잠을 조복받지 못했다. 하지만 지금은 가닥이 잡혔다. 내 기필코 간단없이 화두를 잡들여 수마睡魔를 조복받고야 말 것이다.

● 산철결제란 스님들이 석달씩 모여서 수행하는 여름안거와 겨울안거 사이의 해제기간에도 정진을 계속할 수 있도록 선원의 형편에 따라 운영하는 것으로, 보통 45~60일 가량 계속된다. 석달 간의 휴식마저 반납하고 정진하는 셈이다.

3월 14일

아침 일출은 아니지만 처음으로 해가 돋는 모습을 지켜보면서 '이른 아침마다 창문을 열어놔야 겠구나' 하는 생각을 하였다. 그리고 정진하였다. 점심 공양은 어제와 같은 시간에 도착하였고, 공양의 양도 어제와 같았다.

무문관 생활을 시작하면서 휴지는 일체 사용하지 않고 있다. 손수건으로 대처하고 화장실 휴지 역시 마찬가지다. 그리고 물도 재사용한다. 예를 들면 세수하고 발 씻고 빨래한 물을 모아 화장실 물 내리는 데 사용하고 있으며, 저녁에는 작은 취침등 하나로 밤을 밝히기에 족하다.

발심發心이 큰즉 의심疑心이 크고, 의심이 크면 혼침(昏沈 : 혼미하여 몽롱한 마음)과 산란(散亂 : 가라앉지 못하고 들뜬 마음)이 없다. 화두에 대한 의심이 없는 것은 죽은 화두이다.

3월 15일

새벽 1시, 그리고 2시 30분, 급기야 3시에 일어났다.

그렇다고 깊은 잠은 아니다. 눈을 감고도 화두를 챙기려니 잠이 올 리 있나 그래도 잠이 살며시 들면 이내 깨어버린다. 좌선 중에도 온전히 화두가 안 되고 머리가 평소보다 무겁게 느껴진다.

미숫가루를 아침으로 타마시면서 '왜 새벽에 이렇게 힘없이 주저앉아야 하나'라고 스스로에게 물어보았다. 그래서 내린 결론이 잠이 많아 머리가 맑지 못한 때문인 것 같다. 그래, 바로 그것이야! 화두를 똑바로 들면, 혼침과 머리가 맑지 못한 것이 가까이 접근 못하겠지. 그제사 또 화두를 챙겨들었다.

사실은 멀리 앞바다를 바라보면서 토굴 생활을 할까도 생각하였지만, 나 스스로를 잘 알기 때문에 선택을 하지 않았다. 왜냐하면 게으름 때문이다. 지금 이 곳에서도 새벽에 게으름이 슬며시 고개를 들이대는 것 같다. 마음을 단단히 먹고 화두 일념一念으로 정진하여야 한다.

3월 16일

며칠 전부터 비가 내린다.

삭발하는 날 아침이다. 욕조에 뜨거운 물을 받아 목욕을 하고 빨래도 겸해서 하였다. 삭발에 면도까지. 무문관에 들어 온 지가 벌써 여러 날이 지났지만 눈에 띄게 변화된 것은 없다. 혹 내가 '너무 무엇(화두)을 다그치고 있지는 않나?'라고 자문해 보았다. 옷을 한 번 헹구고 다시 물에 담가 놓고는 차를 한 잔 마시면서 바느질을 하다가 생각들을 적는다.

"문 밖에 봄을 재촉하는 비가 내린다. 무문관에서 반야지혜般若智慧가 발현될 시기만을 기다리는 스님네들이시여, 무던히 인내할 것도 없지만 묵묵히 시절인연時節因緣을 기다리소서."

오후 정진 중에 잠시 휴식을 취하는데, 불현듯 콧물과 재채기가 엄습해 왔다. 계절 알레르기 때문이다. 무심결에 중국차 한 잔 뜨겁게 마셨는데,

자극을 주었나 보다. 재채기와 콧물은 손수건을 흠뻑 적셨지만 그칠 줄을 모른다. 나는 내심 '주인공아, 너 참 큰 모험을 하는구나. 어쩌려고 무문관에 들어왔니?' 하였다. 나는 해마다 봄철이 되면 숨쉬기 조차 힘들게 재채기와 콧물을 쏟는다. 금년에도 역시 마찬가지인 것 같지만 올해는 분명 뭔가 확신이 섰다. 나을 것이라고.

잠시 후, 뜨거운 물 한 잔 우려 마셨다. 재채기는 바로 진정되어 절을 하고 평소 하는 일과를 진행할 수 있었다. 바깥은 안개가 자욱하다.

3월 17일

확실하구나. 옛 선배들의 말씀이.

어젯밤 11시를 지나면서 새벽녘까지 화두를 단단히 붙잡고 늘어지니 혼침과 산란은 차츰 자취를 감추는 것 같았다. 화두는 멀리서 온 것이 아니고 본래 자기와 함께 하고 있으니, 화두만 성성하다면 혼침, 도거(悼擧 : 마음이 고요하지 못하고 흔들림)는 자연히 발붙일 틈이 없을 것이다.

어제부터 힘써 화두를 잡으니 타성일편打成一片*이 되는 것 같다. 오전 9시다.

● '타성일편' 이란 참선 중에 화두와 온갖 의심과 호흡, 번뇌·망상까지 모두 화두를 중심으로 한 덩어리가 되어 합쳐지는 상태를 의미한다. 이 단계에 이르러 더욱 깊어지면 행주좌와 어묵동정 간에 화두가 떠나지 않아 마침내 크게 깨닫게 된다고 한다. 『선가귀감』에서는 "공부가 만약 때려 부수어 한 덩어리를 이룬다면, 비록 금생에 깨치지 못하더라도 마지막 눈감을 때에 악업에 끌리지는 않을 것이다." 라고 설하고 있다.

콧물에 재채기까지 나온다. 오전 내내 그랬다. 점심 공양 중엔 졸음이 쏟아진다. 혼침의 힘이 강하니 화두는 자연히 희미하다. 어제부터 시작한 용맹정진을 힘닿는 데까지 할 것이다. 오후 3시가 되자 정신이 점점 맑아지며 화두는 좀더 성성해져 가고있다. 4시가 넘어 후원에 신청한 말차를 행자가 가져왔다. 당장 한 사발 들이켰다.

부모미생전父母未生前의 본래면목本來面目,* 이것이 무엇인고?

3월 18일

사람의 마음이란 역시 알 수가 없다. 새벽까지 정진을 잘 하다가 한순간 무기력해져 버린다. 아침에도 몸에 힘이 하나도 없다. 방바닥에 등을 대고 누운 채 마냥 천장만 바라보았다. 시간이 계속 지나 오전 11시가 되어도 자리에서 일어날 줄을 모르고 누웠다. 왜 그럴까? 이유가 없다. 혼잣말로 '야, 일어나자. 정진하는 자가 혼자 있다고, 힘이 없다고 해서 이래도 되는 거야?'라고 하였다. 사람의 목숨이 한순간에 달려있다더니,

● '부모미생전의 본래면목'이란 '부모에게서 태어나기 전에는 어떤 것이 본래의 모습인가?'라는 화두이다. 『참선경어』에서는 이 공안에 대해 "부모에게서 나기 전에는 무엇이 본래 면목인고? 철석심鐵石心 놓아버리고 취모검吹毛劒을 빼어들면 속세의 티끌 인연 불속의 하루살이라. 많은 방편 중에 참선이 영험하니 오직 화두만을 들 뿐 옆길로 새지 않으면 천차만별하던 것이 일념에 녹아지리라."고 밝히고 있다. 태원太原 부상좌浮上座가 고산鼓山 스님에게 "부모에게서 나기 전에 콧구멍(본래면목)이 어디 있습니까?"라고 하니, 고산 스님이 "이제 태어난 뒤엔 어디 있습니까?" 하고 되물었다. 부상좌는 그것을 인정하지 않고 도리어 "그대가 물으시오, 내가 대답하리다." 하였다. 고산 스님이 "부모에게서 나기 전엔 콧구멍이 어디에 있었소?" 하고 물으니, 부상좌는 그저 부채질만 할 뿐이었다.

건강한 사람이 갑자기 숨을 거두는 것도 이와 같지 않을까? 참 묘한 현상이다.

생사를 훤히 깨닫는 데는 마음을 깨닫는 것보다 가까운 길이 없고, 마음을 깨닫는 데는 발심보다 우선하는 것이 없다고 하였다. 그런데 나는 올바른 발심이 되지 않아서 그런가 보다. 그냥 옛 선배님들과 같이 되어 보겠다는 마음이 앞서서일까. 그건 아니다. 분명 생사의 큰 물결에서 벗어나야 된다. 알았니, 주인공아. 엉뚱한 곳으로 마음 쓰지 말고 화두 챙기는 것으로 종(宗 : 근본)을 삼아야 한다.

3월 19일

오늘 새벽에도 수마를 극복하지 못했다.

한동안 멍하니 누워 있다가 다시 용기를 내었다. 그래, 또 시작하는 거야.

점심 공양은 어제나 오늘이나 똑같은 시간에 도착하였다. 냉장고 속의 김치도 많이 숙성되어 가고 있지만 먹는 양이 조금인지라 그대로 남아 있다. 오랜만에 과일이 나왔다. 사과, 배, 바나나, 한라봉, 감이 각각 한 개씩이다. 아직 봄인지라 새벽엔 날씨가 차갑게 느껴진다. 멀리서 사격하는 소리도 들리고 공사를 하는지 굴착기 소리, 꿩소리 등도 들리지만 나를 그다지 유혹하지는 못한다.

오후 점심 공양 후, 어제와 같은 시간에 노루 한 마리가 앞으로 지나간다. 언제나 뛸 준비를 하고 자기에게 맞는 먹이를 구하면서 발을 내디딘 상태의 녀석은 나의 눈빛을 감지하지 못하였다. 갑자기 어느 시인의 글귀 가운데 '물속에서 자유롭게 노니는 물고기들을 바라보면'이란 것이 생각났다. 과연 물고기들이 물속에서 자유로울까? 노루가, 산 속에서 살면서 자유로울까? 나는 이곳에서 자유롭나? 나는 누가 얽어매지 않았거늘 자유롭지 못하다. 그 자유롭지 못하다는 뜻은 의지대로 육신이 말을 들어주지 않는다는 뜻이다. 다겁생래(多劫 生來 : 오랜 세월 태어나며 겪은) 업연(業緣 : 업의 인연)의 소산이니까.

3월 20일

오늘 역시 수마를 극복하지 못하였다.

대중 처소處所에서는 그런 대로 극복을 잘 했는데, 왜 그럴까? 여러 가지 원인이 있겠지만, 결국 화두가 제대로 역력하지 못하기 때문이 아니겠는가? 그래서, 이왕 제대로 못할 바에 누워 있을 때까지 누워보자는 생각에 누워 있었더니 30분이 채 가질 못한다. 불안해서, '이러다가 정말로 버릇이 되는 것이 아닌가' 싶어 잠이 오지 않는다. 그렇지만 시간을 헛되이 보내서는 안 되지. 누워서 화두 챙기자. 이런 여러 생각들이 번뇌롭게 하지만, 결국 일어나서 자리에 앉아 정성껏 화두를 챙기려고 노력하였다.

화장실이 좌복에서 가장 멀리 떨어져 있는 곳이다. 멀고 가깝고의 개념이 뭘까? 10분 간의 보행은 방의 이 구석에서 저 구석으로 빙빙 도는 것이다. 그렇지만 지겹다거나 밖에서 돌았으면 하는 생각은 없다. 지금 제일 급한 일은 화두 들고 이 의문을 깨뜨리는 것이니까.

오늘도 밥값은 했는지? 아님 망상 속에서 놀았는지 계산해 보고 잘못한 부분은 더욱 더 분발해서 놓치지 않도록 해야 겠다.

3월 22일

처음 여기에 들어와서 사생결단死生決斷할 생각으로 정진하려 하였고, 또 그리하였지만 습성이 게을러서 그게 지금까지 원만히 되지 않았다. 그렇다고 끈을 놓아버린 것은 아니다.

며칠 동안 너무 다급하게 한 것 같아 육체도 쉬어 가면서 정진한다. 3년이란 세월은 결코 긴 세월도 아니고 짧은 시간도 아니다. 순간순간 의심하여 화두를 챙기려 애쓸 따름이다. 옛 선배님들의 말씀에 "도를 체득하려는 생각이 한 푼이라도 견고하고 촘촘하면 그에 따라 업도 자연히 소멸할 것이다."라고 한 말씀이 뇌리에서 떠나지 않는다.

출세간出世間과 세간의 삶을 바라보자. 공공기업이나 대기업이나 중소기업이거나 간에 사주社主와 종업원의 관계는 어떠한가? 요즈음은 80~90년 대에 비하여 종업원들이 회사에서 그런대로 자신들이 갖고 있는 의견들을 피력하며 좀 더 나은 처우를 원하고 있는 게 사실이다. 그래도 한편으로는 상사들이 원하면 원하는 대로 따라가게 마련이고 상사의 눈치를 보지 않을 수 없다. 세간에서 아내와 아이들 부양하려고 이런 저런 눈치 다 보면서 삶을 영위하는데, 우리 출가자들은 뭔가? 경전을 연구하면 그 경전에, 화두를 참구하면 화두에, 그저 자기가 할 소임을 맡아 주어진 그 자리에서 남의 눈치 보지 않고 얼마든지 정진할 수 있다. 이것이 세속과 다른 점이 아닐까.

3월 24일

산새와 노루 녀석의 울음으로 하루가 시작되고 마무리 되는 듯한 느낌이다. 마치 산사에서 목탁으로 시작한 이른 아침이 저녁 예불 및 기도 목탁으로 끝을 맺는 것처럼.

벌써 이틀째 방바닥에 누워 잠을 청하지 않았는데, 이런 상태라면 계속 더 할 수 있을 것 같다. 공간이 좁다고 느껴지지만 그래도 움직이니 잠이 조금 달아나는 것 같기도 하다. 나는 여기 무문관에 날짜 채우려고 들어오지 않았다. 단지 화두를 뚫기 위하여 들어왔을 뿐이다. 화두가 간간이 끊어지기도 하고 성성하기도 하지만, 그저 의심을 키워 나가려고 할 뿐이다.

여기로 오기 전에 신도님들에게 두 가지 부탁한 일이 있다. 첫째는 하루에 10분 이상 기도 정진을 할 것. 두 번째는 십시일반十匙一飯으로 얼마씩 모아 선방에 대중공양을 올리라는 것이었다. 이 두 가지는 자의에 의하면 더욱 좋을 것 같다. 그것은 신도님들에게 좀 더 노력하게 하고자 하는 의미에서 말한 것 뿐이다. 사실 나에게 공양 올리라고 한 것 같이 느낀 신도님도 있을 것이다. 하지만 나의 의도는 그게 아니었다.

오전, 오후 화두의 힘은 없고 망상도 그다지 없었던 것 같은데, 아마 내가 알아차리지 못한 것 같다.

감산 스님의 '비한가費閑歌'가 떠오른다.

말하기는 쉬워도 도 닦기는 어려워	講道容易修道難
잡념을 제거 못하면 모두 쓸 데 없네	雜念不除總是閑
세간의 티끌 번뇌 항상 마음에 걸려	世間塵勞常掛礙
깊은 산에서 정좌해도 헛수고라네.	深山靜坐也徒然.

3월 25일

새벽녘에 또 게으름이 발동하여 등을 방바닥에 붙여버렸다. 자리에서 일어나 한탄하다가 '또 다시 눕지 않겠노라' 스스로 약속하였다.

허운 스님*의 『방편개시方便開示』를 읽었는데, 내가 지금 정진하는 것과 비교하여 보니, 나의 정진이 너무 편안한 것 같다. 지금 봄철인데도 방안에서 나무와 풀의 새싹 돋는 것만 관망하고 있다. 허운 스님은 나이가 백 살이나 되었어도 논·밭에 나가 운력(運力 : 노동수행)을 하고 대중을 리드해 나갔다. 책에는 눈물겹도록 스스로 하심下心하는 대목들이 많이 배여 있다.

주지스님이 대중들이 힘들다고 하루 운력을 쉬자고 하니, 당신이 직접 밭에 나가시면서 대중들에게 "왜 오늘 밭에 나가지 않으면 안 되느냐?"에 대해서 법문을 하셨다. 그 내용은 "내일이 초하루다. 오늘 이 좋은 날 쉬면 내일은 초하루라서 쉬어야 되고, 혹 모레쯤 비가 온다면 또 쉬어야 되기 때문이다."라고 말씀하셨다. 물론 더 깊은 의미도 담겨져 있다. 어쨌거나 수행자는 철저하게 부지런해야 겠다. 주인공아, 화두가 역력하냐? 성성하냐?

3월 26일

오늘 처음으로 네 분의 스님들이 무문관 앞마당 밖으로 나오시는 걸 보았다. 그들은 한결같이 땅을 바라보면서 걷고 있었다. (1층에 모두 다섯 개의 방이 있다.) 새벽 2시가 지나고 있다.

오후 좌선 중에 온몸에서 바늘로 찌르는 듯한 아주 기분 나쁜 느낌이 왔다. 그래도 정진을 계속하였지만, 저녁 7시 부터 9시 사이에는 매우 심

● 허운(虛雲 · 1840~1959년) 스님은 격동의 중국 근대사에서 점차 쇠락해 가던 불교의 선풍禪風을 지켜냈던 고승이다. 1840년 중국 복건福建 천주泉州에서 출생한 스님의 속성은 소蕭씨로 양무제의 후손으로 알려져 있다. 스님은 19세 때 복주의 고산高山 용천사湧泉寺로 출가해서 불문에 입문했으며, 몇 차례에 걸쳐 동굴에 들어가 극심한 고행을 하기도 했다. 그 후 스님은 여러 경론經論을 두루 섭렵했으며, 특히 그 가운데서도 화두 공안을 꾸준히 참구해서 크게 깨달았다고 한다. 스님은 중국 각지의 명산 고찰을 순례하며 기도 정진을 했다. 스님의 이같은 만행萬行은 중국에 머물지 않고 현재 티벳의 수도 라사를 비롯해서 부탄을 거쳐 히말라야 산을 건너 인도, 세일론, 미얀마의 불교 성지까지 이어졌다. 스님은 외세의 침략과 공산 정권의 억압에 맞서 스님과 신도들을 보호하고 사찰의 파괴를 막는 한편 각종 불사를 직접 일으켜 수 십개 소의 사찰과 불당을 건립하였다. 또 많은 사람들에게 계를 주어 불문에 귀의시켰으며 여러 법회에서 설법과 강경을 하면서 중국불교의 중흥을 위해 헌신했다.

한 정도였다. 지금까지 몸을 위해서 별다른 운동도 하지 않았다. 예전에 해 오던 요가도 중단하고 단지 티벳식 절만 하고 있을 뿐이다. 운동 부족인가 싶어 몇 가지 요가 동작을 취해 보았다. 그리고 배를 만져 보았는데, 겉은 부드러우나 뱃속은 너무나 딱딱하여 내심 놀랐다. 돌처럼 딱딱하였다. 여지껏 이런 일이 없었는데…. 한참을 생각하다 운동 부족으로 결론 지었다. 급기야 새벽에 물구나무서기부터 시작했다. 몇몇 동작을 하면서 속으로 우스우면서도 '자칫하면 심각한 일이 되겠구나. 앞으로는 게으르지 말고 매일 조금씩 운동을 해야겠다'는 생각이 들었다.

(말차를 타 마시는) 막사발을 보니 이런 생각이 떠올랐다.

용트림 치는 대지大地인가?

정열의 태양인가?

붉게 타오르는 임任인가?

아, 너는 천지의 에너지와 임의 혼이 담긴 여의묘용구如意妙用具로다.

3월 27일

이른 아침인데도 등을 방바닥에 붙이고 있다.

나의 근성根性이 이렇게 하열下劣한가 싶어 스스로 싫어졌다. 너무 채근하면 안 될 것 같아 다시 정진하리라 마음을 고쳐 먹고 좌복에 앉았다.

사시 공양이 들어오는데 무척이나 죄스러웠다. 이렇게 제 시간에 정성 들여 해주는 공양을 나태하게 정진하면서 받아먹어도 되겠나 싶어서….

하지만 오관게® 가운데 "이 음식을 양약(良藥 : 좋은 약)으로 삼아 정진 열심히 하겠습니다."를 외우고는 감사하게 먹었다.

허운 스님께서 법문하신 내용을 정리한 『방편개시』라는 책을 읽는데, 너무나 감동적이다. 그래서 항상 합장하고 책을 펼치고 덮을 때도 합장을 하고 덮는다. 그 내용 가운데 "이 바른 믿음으로 출가하였으니 경계에 끌리지 말며 번뇌 속에서 시간을 낭비하지 마십시오. 만약 자기 마음을 항복받지 못하면 한 생각 잘못하는 사이에 털끝만큼의 차이로 하늘과 땅으로 결과가 벌어집니다. 발 한 번 잘못 디디면 천고의 한을 남기니 머리에 붙는 불을 끄듯이 정진하셔야 하며 율의(律儀 : 계율과 위의)를 엄수하기를 마치 바다를 건너는 뗏목같이 하여 조금도 파손되지 않도록 하십시오." 라고 하셨다.

이 글을 적으면서 이 분께서 얼마나 철저하게 깨달았으면 이런 말씀을 하시나 하는 생각이 들었다. 아마 당신은 지난 세월의 인과因果를 보았을 것이 분명하다.

● 오관게五觀偈는 절에서 공양할 때 외우는 다섯 구의 게송을 말한다. 절에서는 공양도 하나의 의식이자 수행이다. 공양물이 앞에 놓이면 죽비를 한 번 치고 대중이 함께 다음과 같은 게송을 외운다. "온갖 정성이 두루 쌓인 이 공양을(計功多少量彼來處) 부족한 덕행으로 감히 공양을 받는구나(忖己德行全缺應供). 탐심을 버리고 허물을 막고(防心離過貪等爲宗) 바른 생각으로 육신을 지탱하는 약으로 삼아(正思良藥爲療形枯) 도를 이루고자 이제 먹노라(爲成道業膺受此食)." 오관게를 다 외우면 죽비를 세 번 치고 음식을 먹는다.

3월 28일

　의자에 기대어 앉아 밤새도록 정진했더니 이른 아침에 몹시 피곤하다. 아침 6시 공양 목탁소리에 미숫가루 한 그릇을 타 먹고 차를 우려 마시면서 멀리 바다를 바라보니 해가 돋는다. 바닷물에서 물안개가 사방에 가득하다. 붉은 해는 안개를 한참만에야 뚫고 올라온다.

　오후 5시 40분 경에 누가 창문을 두드린다. 처음엔 응답을 하지 않고 있었더니, 여러 차례 창문을 두드린다. 아래 층 스님이었다. 뭔가 하실 말씀이 있는 것 같았다. 스님께서는 다른 사람과의 대화가 없었기에 말씀을 하심에, 말의 강약 조절이 어눌하게 느껴졌다. 하신 말씀인 즉, 자기에게 신경 쓰지 말라 하신다. 내가 아래 층에 대해 신경을 많이 쓰는 것 같다고 하신다. 내가 오기 전에 있었던 스님과 화장실 물 내리는 것 때문에 말이 오고 갔는데, 나더러는 전혀 관계치 말고 정진하란다. 특히 화장실 사용을 어떻게 하는지 물 내리는 소리가 전혀 없으니 몹시 궁금하단다. 나는 아래 층 스님에게 용기 있게 말하였다.

　"스님께서 무슨 소리를 내든 나와는 무관한 소리인 줄 알겠습니다. 특히 제가 스님의 묵언과 소리에 신경을 쓰거나 말거나 한다면 제 정진력이 아직 부족한 줄로 느껴 더욱 더 정진해야 겠지요. 무슨 일이든 제가 정진하는 데에 조도(助道 : 도 닦는데 도움이 되는)의 인因을 삼을 것입니다."라고 했다.

3월 29일

새벽마다 수마에 지고 있다. 그래도 또 극복하겠다는 마음 간절하다. 스스로 부끄러워 하면서 더 많은 시간을 좌선으로 충당해야 겠다. 그냥 좌선이 아니라 성성하게 깨어있도록….

오늘 점심은 평소와 같이 공양을 하지 않고 5분의 2를 덜어놓고 나머지를 먹었다. 왜냐하면 매일같이 공양 후 좌선을 하면 속이 거북하고, 소화가 되지 않은 상태에서 좌선하다 보니 잠이 쏟아지기 때문이다. 일단 시험삼아 해보았다.

저녁 종소리와 함께 향을 사르고 티벳식 절을 하였다. 벽에 걸린 부처님 고행상苦行像® 그림을 보면서 '일체 모든 부처님께 예배드립니다. 모든 부처님께서는 저의 수행이 헛되지 않도록 증명하소서'라고 하면서 절을 하였는데, 온몸에서는 일체감을 느낄 수 있는 기운이 뻗쳐오고 환희심이 나 언제 108번을 하고 또 22번을 더 했는지 몰랐다. 물론 평소에도 그랬지만.

『능엄경』에 부처님께서 아난에게 마음을 묻는데, 아난은 "생각하고 추

● 파키스탄 파호르박물관에 있는 '싯다르타 고행상'은 우리나라 석굴암의 본존불, 사르나트 고고학 박물관의 초전법륜상과 함께 세계 3대 '아름다운 부처님 상(美佛)'으로 꼽힌다. 6년 동안의 고행으로 육체의 한계상황에 도달한 구도자 싯다르타를 묘사한 이 고행상은 앙상한 갈비뼈에 핏줄이 튀어 나오고, 형형한 눈은 해골처럼 움푹 들어가 있는 등 고행수도의 어려움을 실감나게 표현하고 있다. 그러나 탐욕, 성냄, 어리석음에서 벗어나기 위해서 고행으로 육체를 지나치게 학대하는 것은 잘못된 수행이다. 육체는 고통의 원인을 제공하기도 하지만 그것이 없이는 성불할 수 없기 때문이다. 치열한 고행 장면을 사실적으로 표현한 고행상은 고행이 쾌락과 마찬가지로 극단임을 인식하고 중도에 의해 무상無常의 괴로움에서 벗어남을 강조하고 있다.

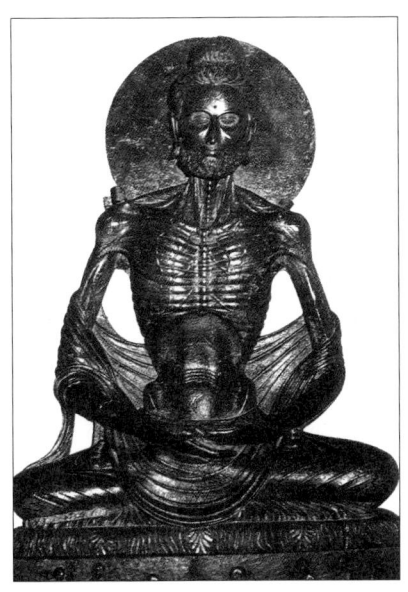
석가모니 고행상

측하는 게 마음"이라고 대답하였다. 그러자 부처님께서는 이를 부정하시고 "만약에 전진前塵*을 여의고 분별한다면 곧 너의 참된 마음이라고 하겠지만, 분별하는 성품性品이 전진을 여의고 체體가 있으면 이것은 바로 전진의 분별된 그림자일 뿐이다."라고 하신 설법이 떠오른다.

3월 30일

새벽녘이 되자 잠이 화두와 망상까지도 잠재우려 덤벼들었다. 잠시 등을 붙이는가 싶었더니 10분이 지났다. 일어나 방을 한 바퀴 돌고는 좌복에 앉았다. 어느덧 새벽 예불 시간이 되었고 오전 3시 30

● '전진'은 망심妄心의 앞에 나타나는 육진六塵의 경계를 말한다. 육진은 육경六境과 같다. 육근六根의 대상인 색色 성聲 향香 미味 촉觸 법法. 곧 시각의 대상인 형상과 빛깔, 청각의 대상인 언어와 음향, 후각의 대상인 냄새, 미각의 대상인 맛, 촉각의 대상인 신체적 접촉, 사고와 인식의 대상인 법法을 가리킨다.

분쯤 되자 수마는 절정에 이르렀다. 때 마침 대종이 울리기에 자리에서 일어나 책상 위의 사탕 하나를 입에 물고 방을 몇 바퀴 도니 잠은 어느 정도 달아난다.

내일은 삭발·목욕하는 날이라는 메모가 사시 공양 때 함께 들어왔다. 여기서 벌써 두 번째 맞이하는 삭발 날이다.

우측 어깨와 좌측 갈비뼈가 조금 아프고 오른쪽 등이 편하지 않았다. 그래도 정진을 쉬지 않고 하였다. '너희들은 아플 테면 아파라' 하면서…. 알고 보면 이 모든 것들은 예전에 아팠던 것들인데, 평상시엔 드러나지 않다가 지금에야 나타나는 것 같다.

고봉선사께서 "처음 발심한 마음을 저버리지 말고, 부모님들이 출가를 허락해 주신 마음도 저버리지 말고, 신도님들의 은혜와 국왕, 대신의 외호하는 마음도 저버리지 말고 당장에 큰 신심을 갖추어 정진하라."는 문구가 오늘도 나를 망상으로부터 벗어나도록 잡아 끈다.

3월 31일

3월의 마지막 날이자 삭발, 목욕하는 날이다.

여기 와서 비를 자주 보게 되니 여러 생각들이 교차된다. 삭발하고 목욕물을 받아 뜨거운 물에 몸을 담그니 화두도 없다. 극락세계가 이런 걸까? 눈을 뜨고 욕조의 물을 살펴보니, 조금 전까지만 해도 깨끗했던 물이 더러운 물로 덮여 있다. 아~, 내 몸은 깨끗한 줄 알았는데, 막상 옷을 벗고 깨끗한 물에 들어와 보니, 때가 많아 더러운 줄 알겠구나.

내 마음의 본체를 못 보았으니, 얼마나 답답한 노릇인가. 내가 나를 모르니, 멍텅구리 중에도 상 멍텅구리이다. 그저 밤에 잠이 오면 머리 베고 누워있기 바쁘고, 배고프면 배 채울 줄만 알았지, 주인공主人公을 찾는 데 참 정성을 언제 들였나 싶다. 참으로 한심하다. 이렇게 어영부영 정진하여 무슨 과보를 바라겠는가. 옛 선배님들께서 "선행하여 좋은 과(果 : 열매)를 얻지 못함이 있으면 모두 자기의 덕이 온전히 닦이지 못하여 감응感應이 이르지 못한 탓이라."고 하지 않았던가. 주인공아, 오늘도 도전해라. 너는 틀림없이 극복할 수 있다. 옛 선배님들도 다 너와 같았다. 수마를 극복하고 자기를 감추고 살아가지 않았나. 너도 그렇게 할 수 있다. 해야 한다. 지금 못하면 언제 할 수 있겠나.

4월 1일

어젯밤에도 누워 잠을 잤다.

밖에는 바람이 세차게 불고 비도 간간이 내린다. 숙세宿世의 습관 탓인지 아니면 여태껏 혼자 살아보질 않아서 그런지, 왜 이리도 악한(지독한) 마음이 없을까. 벌써 며칠 전부터 등을 방바닥에 닿지 않고 정진하려 애썼지만 결국은 무산되고 무산되었다. 아마도 나의 선정력禪定力이 부족한 탓이리라. 나의 도반道伴 스님은 아직까지 눕지 않고 정진하고 있다. 장좌불와長坐不臥, 그게 쉬운 것은 결코 아니다.

나는 분명히 오늘도 발원發願 한다. 반드시 수마를 극복할 것이다. 화두를 철저히 들면 수마와 망상은 저절로 달아나는 것이라고 옛 선배님들께서 말씀하셨고, 나도 확실히 믿는다. 나의 화두 간절하지 않고 진실하지 못하니 혼침과 산란이 함께 한다. "오랜 세월 동안 번뇌에 훈습薰習되어 왔으니, 그것이 바로 혼침과 번뇌의 근본이다."라고 고봉 스님이 말씀하셨다.

4월 3일

3일 새벽녘 2시부터 3시 30분까지 방바닥에 누워 눈을 잠시 붙였다.

혼침, 이것은 바로 나의 잘못된 인식으로 인하여 쌓여진 것이다. 굳이 잠을 자지 않으려는데 마음을 두기 보다 화두를 더욱 챙기면 혼침을 극복할 수 있을 것이다. 그러니 어쨌든 화두 의심을 내는 것이 최우선이다.

며칠 전부터 바람이 세차게 분다. 잠이 오고 망상이 남아 있다는 것은 전생의 습성이 아직 남아있기 때문이다. 오로지 화두를 잡들이면, 자연히 오래지 않아 잠과 망상이 달아날 것이다.

여기서 나는 매우 적극적으로 정진에 임하지만 습기(習氣 : 훈습 또는 타성)가 많이 남아있는 것 같다. 어쨌거나 이러한 무문관의 생활은 예전부터 나의 무의식無意識 속에 잠재해 온 것 같다. 오로지 이 순간만이 존재한다는 생각만으로 앞·뒤의 생각은 하지 않으려고 애쓰지만, 나도 모르게 의식 한 편에 자리하고 만다. 옛 선배님 말씀 가운데 '습기모병(習

氣毛病 : 습기라는 고질병)'이란 표현을 많이 하셨는데, 조금은 이해가 간다. 오로지 정진밖에 없다. 주인공아, 오로지 화두밖에 없다. 알겠나.

4월 4일

거의 저녁 7시 전에 일기를 쓴다.

일기를 쓰면서 『방편개시』를 보았는데, 허운 스님께서 대중과 함께 계시면서 그 절 주지가 "보이차(普茶)가 없어 대중이 마실 수 없다."라고 말하는 대목이 가슴에 와 닿는다. 그 당시는 일본군과 전쟁을 벌이던 시절인데, 모든 것들이 귀하던 때인지라, 감히 차는 호사스럽게 마실 생각조차 못했던 것 같다. 그러면서 허운 스님께서는 "이곳에 와서 살고 있다면 바로 생사生死를 아프게 생각하여 생사라는 두 글자를 눈썹 끝에 걸어두고 동고同苦해야 한다."고 역설하셨다.

일기를 적으면서 차를 우려 마시니 부끄럽기 짝이 없다. 시대적으로 상황이 다르지만 이 주어진 여건에서 화두를 놓치지 않고 용맹스럽게 정진할 것을 재차 다짐해 본다.

발바닥의 무좀이 잘 낫지 않아 고생했는데, 매일같이 부지런히 씻고 약 바르고 양말을 신지 않았더니 오랫동안 피부가 갈라지고 물집이 가득하던 것이 덜한 것 같다. 여기 와서는 전보다 운신運身의 폭이 좁다. 그래서인지 발이 살맛 난 것 같다. 오늘도 말이 많았구나.

4월 5일

　며칠 동안 콧물이 많이 나왔다. 손수건을 흥건히 적시고 또 적실 정도였다. 좌선하면서 '위장하고 관계가 있지 않을까?' 하고 생각했다. 밀가루 음식을 먹은 뒤로는 콧물이 쉴 새 없이 나오는 것 같았고, 오늘은 어제에 비하면 4분의 1정도 밖에 나오지 않았다. 연례행사 가운데 하나이지만….

　어제 오후에는 매시간 마다 정진한 뒤 그것을 표시할 수 있도록 칸을 만들었다. 좌선 1시간 끝나면 표시하는 우스운 모양이지만, 좀 더 철저하게 정진을 하는지 나 스스로 확인하려는 것이다. 게으름 피우면 표시를 하지 않고, 매 시간마다 부지런히 정진한다면 표시가 많아질 것이다.

　어쨌거나 매일 같이 12시간 이상 좌선 정진을 하고, 힘이 많이 들지 않으면 좀 더 정진하고, 힘이 들면 보행으로 대체할 것이다. 요가도 해보니 한결 몸이 가뿐해져서 좋다. 허운 스님의 글을 보니 "모내기가 바로 도道이다." 라는 말씀이 있다. 왜냐하면 모를 심을 때 분별심을 일으키지 않고 무심히 마음 가는 대로 맡기면 육진六塵 경계에 끄달리지 않으니 바로 도와 계합契合이 된다는 것이다.

4월 7일

　오전, 하늘에 구름이 깔려 있어 비가 오려나 생각했는데 아니나 다를까, 오후부터 비가 내리기 시작한다.

오후 정진 마치고 쉬는데, 마침 저녁 예불 시간이 되자 절을 하기가 싫어졌다. 아니, 오후엔 30분 좌선하고 시계를 여러 번 바라보기도 하였다. 몸이 평소보다 조금 무겁게 느껴진 것이 사실이다. 하지만 화두는 그런대로 멀리 도망가지 않는다.

평소대로 저녁 6시 종소리와 함께 환희심을 갖고 절을 하는데 부처님께서 저 멀리 계시는 것 같기도 하고, 보이지 않는 것 같기도 하다. 염주를 한 알씩 돌리면서 절을 하니 온몸에 열이 난다. 창문을 여니 낙숫물 소리가 매우 크게 들려왔다. 절을 하는 순간에도 화두를 들었다.

그런데 발 부분에 검은 물체가 왔다 갔다 하길래, 다시 보니 거미였다. 다른 곳으로 옮겨놓았는데, 어느 새 발바닥에 와 있었다. 거미야, 나 너하고 원혼冤魂 맺기 싫어. 그러니 어서 옆으로 가줘. 하고는 손을 갖다 대었더니 손으로 슬슬 올라온다. 그래서 옆으로 보내놓고 절을 하였다. 오늘은 거미와 노느라 벌칙으로 염주 한 바퀴 더 돌렸다. (염주 알 숫자만큼 절을 더 했다.)

4월 8일

주인공아, 오늘 어떻게 지냈냐? 화두는 성성하냐? 정신 똑바로 차리고 순간순간을 보내야 한다. 이렇게 공부하기 좋은 인연을 만나 그냥 그럭저럭 시간만 낭비하고 시주물施主物만 낭비하면 어느 때 은혜를 갚으려나. 주인공아, 정신 차려라, 정신!

거친 번뇌는 많이 사라진 것 같다. 망상이 죽 끓듯이 일어나도 두려워 하거나 없애야 겠다는 생각은 없다. 단지 화두만 잡들일 뿐이다. 번뇌 망상에 끄달리지 않도록 마치 소를 길들일 때처럼 처음엔 고삐를 단단히 쥐고 앞으로 이끈다. 하지만, 차츰 소가 가는 길을 알 때쯤이면 고삐를 늦추어도 사람 뒤를 따라온다. 때로 말을 안 듣고 엉뚱한 곳으로 가면 고삐를 단단히 잡고 당기면 돌아오듯이 이렇게 화두를 챙기고 있다. 오래 전부터 장좌불와를 실천에 옮기려 하고 있지만 잘 되지 않는다. 원인을 궁구해 보니 용맹심과 믿음, 의지력이 부족한 것 같다. 하지만 나는 반드시 이를 극복할 것이다.

선배 스님의 말씀 가운데, 젊었을 때 절 밖의 산을 오르고 바다를 건너면서 신발이 닳도록 돌아다녔는데, 그런대로 수행하고 공부하면서 화두를 든다고 했지만, 마음 속에 탐내는 것이 많아서 마치 원숭이가 과일을 딸 때처럼 하나를 따면 이미 딴 것은 놓아버리고 또 다른 것을 따고, 이것 따고 저것 따고 하다가 나중에는 비로소 이전에 지었던 행동들이 잘못 되었음을 알게 되었다고 술회하고 있다. 이 내용은 바로 나 자신에게 하는 말씀과 너무나 똑같았다.

나 자신도 출가하여 강원과 선원을 다니면서 전국은 물론 티벳, 중국, 인도 등을 신발이 떨어지도록 바람을 날리면서 거침없이 다니며 나름대로 화두를 챙기며 공부한답시고 다녔지만 결과적으로 얻은 것은 나이 먹은 것과 힘이 없어졌다는 것 뿐이었다. 다행히 우리 절에서 신도님들과 공부하면서 재발심을 하였다고 나름대로 생각하고 있지만, 지금은 어떠한가. 처음 출가할 때와 달라진 게 뭐가 있나? 달라진 것은 단지 승랍(僧臘 : 스님이 된 햇수)이 많아진 것 밖에 없지 않은가?

  옛날 중국 위衛 나라 때의 현인 거백옥遽伯玉이란 자가 20세 때 이미 그 전의 허물을 깨닫고 모두 고쳤는데, 21세에 이르러서는 20세 때 고친 것이 미진한 것을 알았고, 22세가 되어 다시 21세를 되돌아 보니 또 작년이 여전히 꿈속이었다고 하였다. 그러면서 또다시 이렇게 하기를 50년을 행하였을 때, 아직도 49세가 그릇된 줄 알았노라 하였다. 물론 나 자신은 이 사람의 100만분의 1에도 미치지 못하지만, 스스로 생각하면 올해 아니, 순간순간 잘 살았다는 생각이 들면서도 돌아서면 아쉬움의 연속이었다. 그래서 순간순간 나의 허물을 고치려고 부처님 전에 참회를 하루도 빠짐없이 하고 게으름을 스스로 타이르기도 하였지만, 이 순간 게으름이 눈에 확연히 드러나고 용맹심 없는 것이 그대로 보인다.

  지난 세월을 하루하루 순간순간 열심히 보냈지만 돌아서면 그것들은 모두 나 개인적인 욕심에 의해 발현된 것 같다. 앞으로는 말과 같이 행동할 것이다. 이러한 다짐을 시방법계(十方法界 : 온 우주) 모든 불·보살님들에게 발원하고 다짐한다. 말과 같이 실천하리라고.

  저녁 10시가 지나고 있다. 이곳의 바람소리는 지리산 바람소리보다 빠르다. 왜 밤잠 안 자고 이 글을 쓰는가 하면 정진하다 한 망상이 떠 올라와서이다. 과연 내가 무엇을 깨치고 그 무엇을 깨쳐서 무엇하는가? 깨치면 부처가 된다고 하는데, 옛날 부처님께서는 부처와 중생이 차별이 없다고 하지 않았나. 그런데 중생들은 오랜 세월 속에 십악十惡* 등의 죄업罪業만을 짓고 살아왔기에 중생이란다. 탐내고 성내고 어리석은 것이 정녕 중생이라면 부처님은 이와는 정 반대의 삶인가? 분명 그렇다. 나는 화두를 잡들였다. 성인이신 부처님의 발자국을 밟으려고.

4월 9일

오전(9~12시) 정진이 조금 부실한 것 같았다.

사시 공양을 일부러 조금 늦게 먹고는 그릇을 씻을 때 잠시 생각해 보니 설거지한 물을 재활용할 수 있을 것 같다. 되받아서 화장실 변기에 사용하기로 하였다. 정진이 부족하다고 생각되어 좀 더 착실히 잘 하려고 하니 더 많은 망상들이 마구 솟아오른다. 그래서 혼자 웃음을 지었다. 그래, 바삐 잘 하려고 하는 이것도 또한 한 생각이란 생각이 들었다. 공부가 잘 되든 안 되든 오로지 화두만 지어 갈 뿐이다.

저녁 예불시간 때 108배를 마치고 방 청소를 하면서 불현듯 '내가 너무 급하게 서둘고 있지는 않은가?' 하는 생각이 들었다. 과연 내가 너무 서

---

* 늘 수행자의 삶을 되돌아보고 수행과 전법에 최선을 다하고 있는지를 살피게 하는 '10악'은 『천수경』의 '십악참회十惡懺悔' 부분에 나온다. 10악은 다음과 같다. 살아있는 생명을 죽이는 살생殺生, 남의 물건을 도적질하는 투도偸盜, 아내나 남편 이외의 타인과 음행을 하는 사음邪淫, 이간질하는 말인 양설兩舌, 남을 성내게 하는 나쁜 말인 악구惡口, 겉만 좋아 보이고 실속 없는 말인 기어綺語, 망녕되고 이치에 맞지 않는 말인 망어妄語, 마음속으로 남의 물건을 탐하는 탐심貪心, 성을 내는 진심瞋心, 어리석은 마음인 치심痴心 등이 그것이다.

둘고 있는지, 아니면 평소에 너무 느리게 살았는지, 지금 다시 생각해 본다. 옛날 도를 이루신 모든 선배님들은 나보다도 더 용맹스레 정진하셨다. 경허 스님께서는 3년의 기한을 정하고 문고리를 잠근 채 잠이 오면 턱 아래에 칼을 받치며 정진하셨다. 그런데 나는 잠잘 것 실컷 자고, 먹을 것 제 때 찾아 먹으며 급하지도 않고 용맹스럽지도 않다.

오늘도 잠을 자지 않고 정진해야 한다. 3일만 버텨 보자, 3일. 옛날엔 1주일도 잘 버텼잖니. 주인공아, 3일을 한 번 버텨보자.

4월 10일

새벽엔 의자에 기대어서 밤을 지새웠다. 무척이나 졸음이 오더니 넉넉하게 견뎌내질 못하였다. 의자에 기댄 채 이불을 덮고, 아니 의자 다리 밑에 눈 감은 채 졸기도 하고 화두를 챙기기도 하였다.

혼자 방을 사용하니 하고픈 대로 해본다. 그런데 잠이란 놈은 참으로 영특한지, 아니면 나의 영혼까지도 지배하고 살았는지, 육체를 그냥 무기력하게 만들어 버린다. 그렇지만 정신은 말짱하다. 오전에 약간 졸음이 왔지만 잘 지냈고, 오후엔 또 배가 불편하다. 답답하고 호흡이 내려가질 않아 약간의 상기上氣* 증세도 보였다. 그래서 오후 5시 정진 후 요가를 1시간 하고 절을 한 후 일기를 쓴다.

지금 밖에 노루가 큰 소리를 치며 이리저리 돌아다니고 있다. 그의 소리가 "아, 이게 아닌데, 왜 내가 이러한 모습으로 있는지 모르겠다." 라며 아주 불평 섞인 소리를 지르는 것 같이 들렸다. 우리도 인간의 몸을 받았을 때 정진하여 일을 마치지 못하면 언제 저 노루와 같은 모습으로 돌아갈런지 모른다. 아니 저보다 못한 몸도 얼마든지 받을 수 있다. 그러니 주인공아, 너 열심히 이 자리에서 반드시 일을 마쳐야 한다. 아니면 지옥이 네 눈앞에 있다. 알겠나.

4월 11일

새벽에는 어제보다 좀 더 정진할 수 있었다. 그러나 잠은 여전하다. 좀 더 쉬었다 할까 하는 생각이 들 때, 또 다른 생각이 몰려온다.

'주인공아, 지금 10분간 쉬면 지금껏 정진해 왔던 기운이 밀려 내려간다. 지금 쉬고 싶더라도 참고 일을 마치고 실컷 쉬는 게 어떻겠니?' 한편으로 쉬고 싶지만 또 한편으로는 '그래, 지금 피로하고 힘들더라도 조금만 더 정진하자' 싶어 또 다시 이~뭣고, 이~뭣고를 되뇐다.

'이~뭣고! 도대체 부모에게 태어나기 이전 나의 본래면목이 뭣고! 하

● 상기병上氣病은 참선을 잘못하여 화두만 들면 머리가 아픈 병이다. 상기병은 보통 올바른 스승의 가르침을 받지 않고 혼자서 책을 참구하거나, 경험이 충분하지 않은 사람에게 지도를 받았을 때나, 지도는 받았으나 실행이 안 된 경우 호흡이 고르지 못해 심신의 안정을 잃어 생기는 병을 말한다. 호흡을 통해 안정을 취하면서 의정을 내어 화두와 하나되는 수행이 참선인 만큼 호흡을 무리하게 한다거나 자세를 잘못 취했을 때는 공부하는 화두를 놓치게 된다. 상기병이 일단 생기면 머리가 아프거나 몸이 무겁고 끊임없는 망상이 일어나게 된다. 그러나 좌선할 때 자세와 호흡과 화두를 일치시키는 과정을 올바르게 밟게 되면 상기병은 생기지 않는다. 참선하는 사람은 공부하는 도중에 일어나는 일체의 모든 경계에 마음을 두어서는 안 되며, 화두 일념으로 흐를 수 있도록 바른 자세와 호흡과 화두에 전념하는 것이 중요하다.

는 이 놈이 이~ 뭣고!'라는 전제를 하고 화두를 들었다. 오전 정진에는 피로와 망상이 조금 있었지만 '이놈들에게 내가 끄달릴 수야 없지 않나' 해서 망상은 망상대로 그냥 두고 화두를 잡들이니 망상이 물러서나 싶더니 망상은 여전히 치성하다. 이~ 뭣고!

4월 12일

12시를 넘기자 잠이 기다렸다는 듯 쏟아진다. 의자에 기댄 채 잠시 눈을 감았는데, 깨어보면 어느 사이 방바닥에 드러누워 있다.

'아, 잠이란 이렇게도 모질구나' 생각하고 몇 번의 보행을 하고 좌복에 앉았다. 앉기는 앉았으나 이미 몸과 마음은 풀어지고 귓가에선 '그만 누우세요, 쉬었다 하세요' 하는 속삭임이 들린다. 결국 못 이긴 채 (사실은 못 이겼다) 잠시 의자에 기대었지만 곧 화두는 멀리 도망가 버렸다.

새벽 예불을 알리는 종소리에 다시 좌복에 앉았는데, 혼침이 밀려왔다. 일어났다 앉았다를 반복하다 5시가 되어서야 완전히 화두를 잡을 수 있었다. 낮 12시까지 화두와 씨름하였다. 아침엔 죽 대신 어제 들여 보내준 찐빵을 보이차와 함께 맛있게 먹었다.

'위타위기수미선爲他爲己雖微善이나 개시윤회생사인皆是輪廻生死因이라.' 남 위하고 저 위하는 것 비록 작은 선善이나, 이것이 다 생사윤회의 원인이다. 『초발심자경문』 중 야운 스님의 게송이다.

영주 부석사로 떠난 것이 내게는 제2의 출가였다. 강원에서 경을 보고 난 이후 줄곧 참선을 해 왔지만, 경전의 말씀은 이해가 안 되는 부분이 너무 많았다. 참선을 하면서 부터는 사량思量으로 헤아린다는 것은 한계가 있다는 것을 절실하게 느껴 나름대로 화두를 들어 정진하였지만, 지속적으로 되질 못하였다. 부석사에서의 정진만큼 정진에 가속을 붙일 수 있다면 얼마나 다행일까. 나름대로 고심 아닌 고심을 하였다. 그리고 마침내 무문관을 선택하였다. 너무나 환희롭고 좋다. 한 순간 한 순간을 최선을 다하려고 노력한다. 분명 뭔가 끝이 있을 것 같다. 옛 어르신들의 말씀처럼 "나의 본래면목을 확연히 보아 그 의심을 풀어야겠다."는 결심이 반드시 오래, 일을 마칠 때까지 가도록 노력할 것이다.

"주인공아, 분명코 할 수 있겠나?"

"예, 할 수 있습니다."

"그래, 해야 한다."

"예, 알겠습니다."

어제 부탁했던 말차와 코코아 등이 들어왔다. 벅찬 물건을 받은 것 같아 매우 기쁘지만 한편으론 나를 되돌아보았다. 여기 와서도 아직 습성을 버리지 못하였나 보다. 좋아하는 것을 찾는 것이, 아니 어쩌면 다른 것을 몰라 집착을 하는지….

오후 정진 중에 처음 두 시간 동안은 배가 아프지 않았는데, 마지막 네 시간 때는 며칠 전처럼 뻐근하며 침으로 콕콕 찌르는 것 처럼 아팠다. 정진 후 요가를 하니 통증이 사라졌다. 위산과다胃酸過多인가? 아님 장기 이상臟器異常?

여기 오기 전에 태풍이 불어 나무들이 쓰러졌는데, 그땐 푸르던 잎들이 이젠 누렇게 죽어가고 있다. 밖에 나갈 수 있었다면 쓰러졌을 때 바로 세워서 살릴 수 있었을 텐데. 아직 어린 나무인데…. 내가 회광반조(廻光返照 : 빛을 돌이켜 되비춘다)하면 할수록 나의 나쁜 습성들은 다 녹아난다. 그러니 주인공아, 다급하게 정진하지 말고 기타줄 고르듯이 항상 중도中道를 지켜야 한다. 때로는 팽팽하게 때로는 느슨하게 알겠나!

4월 13일

처음으로 새벽에 다섯 시간 동안 정진하였다. 그야말로 뿌듯했다. 그런데 오전 8시부터 11시까지는 생각지도 않았던 온갖 망상들이 끓어올랐다. 아마도 무의식 속에 잠재해 있었으리라. 그리고 점심공양도 마다하고 좌선할 때도 혼침이 와서 한동안 멍하니 있었다. 어쨌거나 지나가는, 아니 업식業識 속에 잠재해 있던 상념들이라 여기고 굳이 마음 두지 않았다.

아침 공양 때마다 느끼는 것인데, 오늘 아침은 더 요란스러웠다. 뱃속에서 진동처럼 꼬르륵, 꼬르륵 소리가 난다. 전기밥통에 섞어 죽에다 맞추어 밥을 하였더니 밥도 아니고 죽도 아닌 밥이 되었다. 매일 환희롭게 느끼지만 이곳에 온 것은 정말 잘 했다 싶다. 지극한 복락福樂이다. 그 대신 정진하여 이익 없는 이익을 얻지 못하면 그 응보應報는 당연히 치러야 한다.

갑자기 존경하던 옛 노스님의 말씀이 귓가에 쟁쟁하다.

"야 이놈아, 너도 늙어 봐라."

"예, 스님. 저는 늙지 않을 겁니다." 하고는 서로 마주 보며 웃던 천진하던 모습.

'제가 정진 안 하고는 못 배깁니다, 노老스님. 반드시 일대사一大事를 해결할 것입니다.'

4월 14일

새벽녘 정진은 힘들었고 낮 정진 역시 순조롭지 못했다. 온갖 망상들로 인해 화두 잡들이는 에너지는 약했다. 혼침과 망상이 주인 노릇을 했다.

오후엔 빨래 하고 샤워를 했는데, 허벅지 근육이 많이 빠진 것 같다. 저녁에는 물 종류 외엔 먹지 않는다. 그런데 속이 기분 나쁘게 우리하게 쑤셔댄다. 할 수 없이 보행정진을 하다 9시가 넘어서야 좌선을 하였지만,

● 「법화경」은 부처님께서 이 세상에 오신 것은 일대사인연一大事因緣 때문이라고 밝히고 있다. "부처님께서 이 세상에 오신 일대사인연은 무엇인가? 우리 모두에게 불지견佛知見을 열어 보이고 깨달아 들어가도록 하기 위해서 오신 것이다." 그렇다면, 불지견이란 무엇인가? 그것은 부처로서의 지견, 즉 '깨달음의 지견'을 의미한다. 즉, 그대도 이미 부처님과 같은 깨달음의 성품을 간직하고 있다는 말이다. 이것은 아직 갖고 있지 않은 것을 이제부터 닦아나가거나 만드는 것이 아니다. 이미 갖추고 있음을 확신하고 무한대로 써나가면 될 따름이다.

속이 답답하였다.

『능엄경』에 "아난아, 너희들의 전도된 듣는 기관을 돌이켜 자성을 들으면 성품이 무상도無上道를 이루리니, 원통圓通이란 실로 이와 같다."라고 문수보살이 게송으로 원통을 찬탄하는 장면이 나온다. 출가하여 강당에서 경전 볼 때 밑줄을 긋고 읽었다. 그때도 이 대목을 중히 여겼는데, 지금 화두 챙기며 수행하는 이것이 바로 반문문자성(反聞聞自性 : 들음을 돌이키어 자성을 듣는다)이다. 선가에서의 회광반조廻光返照와 상통한다.

"주인공아, 정진에 진척이 없더라도 좌절하지 말고 힘써 나아가야 한다. 알겠나!"

"예, 알겠습니다. 절대 물러서지 않을 겁니다."

4월 15일

어제처럼 새벽을 원망하며 정진했다. 이제 누워서 실컷 잠을 청하려 하여도 되지 않는다. 그냥 불안하다. 마치 강을 거슬러 올라가는 배가 부지런히 노를 젓지 않으면 도로 떠내려 갈 것 같은 느낌이다.

아침엔 어제 사시 때 들어 온 찹쌀떡 세 개와 미숫가루, 냉수 두 잔을 공양으로 대신하고 잠시 보행한 후 좌복에 앉으려니 좀 이른 것 같아 눈을 조금 붙였다.

일어나 또 보행을 하면서 10분에 몇 걸음을 걸을까 싶어 세어 보니, 약 900보 정도였다. 하루에 약 3시간 이상 걸으면 상당히 많은 양의 걸음이 되는 것 같아 새삼 놀랐다.

오후 점심 공양 후 정진하다 4시가 넘어 이발기로 삭발을 하였다. 여기 오기 전보다 비듬이 더 많은 것 같다. 매일 머리를 감아야 겠다.

하루 하루를, 아니 한 시간 한 시간 점검하는 점검표엔 하루 평균 14시간 정도 정진하는 걸로 나온다. 앉는 것도 중요하고 보행하는 것도 중요할 뿐만 아니라 공양하면서도 화두를 들어 나 스스로 경계에 끄달리지 않으면, 순일무잡純一無雜한 경지가 이 순간이 아니겠는가! 맑은 날 순수한 햇살처럼 나의 의식도 그렇게 투명해질 것이라고 믿는다. 화두를 꽉 잡들이니 잠도 멀어지고 망상도 달아난다.

4월 16일

새벽, 공연히 게으름을 부리다 좌선을 놓쳤다. 매우 부끄러운 생각이 들어 자책하였다. 차 한 잔 마시고 좌선을 시작하여 오랜만에 11시까지 몇 시간을 보행하지 않고 앉았다. 스스로에게 미안한 생각이 사라졌다.

점심 공양은 만찬이었다. 특히 찰떡과 불가리스라는 우유 음료까지 들어왔다. 공양을 하려니 부처님께 미안한 생각이 들어 다시 합장하고 "이 음식으로 인해 정진 소홀히 하지 않겠습니다. 몸을 유지하는 양약良藥으로 삼겠습니다. 반드시 도업(道業 : 깨닫는 일)을 이루도록 하겠습니다." 라고 하고는 공양을 먹으면서도 화두를 챙겼다.

정진 시간표에 표시한 내용을 잠시 바라보면서 새벽 정진이 원만하지 못했다는 것을 금방 발견할 수 있었다. 아직도 잠이 많다는 것은 한편으로 망상이 많다는 증거일 수 있다. 그러나 차츰 나아지고 있는 것만은 사실이다. 분명코 수면은 극복할 수 있는 부분이다. 왜냐하면 자연히 제거될 것이니까.

4월 18일

새벽에 허리를 땅에 대고서 화두를 든다고 했지만 화두는 저 멀리 달아나고, 잠이 대신 자리잡고 있었다.

사실은 매일 오후에 좌선하기가 불편할 정도로 아랫배가 아프다. 정진을 하다 보면 온갖 망상이 일어난다지만 이런 일은 생각조차 하지 않았다. 그런데 현실이다. 낮엔 그냥 온갖 생각들이 뒤범벅이 되었지만, 그래도 정진하자는 생각이 더 많았다. 점심 공양을 하고 좌선하니까 그런대로 편안하고 괜찮았다. 정진이 안 될 때일수록 화두를 더 챙겨야 한다는 것이 다시금 절실하게 가슴에 와 닿았다. 지금 이곳 날씨는 강풍이 불고 있다. 하지만 창문을 닫고 있으니 강풍의 소리는 한결 작게 들린다. 몸에 이상이 생길 때라도 화두를 놓치지 말자.

저녁 정진 때 옛날 아난 존자 阿難尊者께서 하셨던 교족정진橋足精進을 하였다. 그런데 신기하게도 그게 된다. 호흡도 단전으로 모아지고 정신도 산란함이 적어지는 것 같다. 힘은 조금 들지만 교족정진은 매우 좋았다.

4월 20일

주인공아, 귀중한 시간에 왜 망상에 속아 따라 다니느냐? 순간순간 정신 똑바로 차려 화두를 들어라. 화두가 들리지 않으면 전제(부모로부터 태어나기 이전의 본래면목)를 의심하여 의심을 일으켜야 한다.

한 번으로 안 되면 또 하고 끊임없이 계속해야 한다. 옛 선배님들의 말씀이 거짓이 아니라면, 선배님들의 말씀에 의심이 없어질 것은 자명한 사실이 아닌가? 그러므로 안 된다고 주저앉지 말고 망상에 놀아나지 말아라. 한 번의 망상은 한 번이 아닌 열 번의 화두 드는 것보다 쉽지만, 그 망상은 화두 드는 힘을 둔화시켜 너를 게으르게 만들 것이다. 망상을 즉시에 알아차려 화두를 거각擧覺**하여야 한다. 알겠느냐? 그리고 잠이 많다고 하지만, 화두 드는 에너지가 점점 늘어나면 자연히 구름이 걷히듯 잠은 사라질 것이다. 그러니 순간순간 졸음에 속지 말고 망상에 속지

- 아난(Ananda) 존자는 부처님의 10대 제자 중 한 분이다. 25년간이나 곁에서 하루도 빠짐없이 부처님을 시봉하면서 한 번도 싫은 내색을 보이지 않고 정성을 다했으며, 부처님의 설법이라면 하나도 빠짐없이 다 듣고 기억하고 있었다. 그러나 그는 부처님 생존시에는 도를 깨치지 못하였다. 때문에 부처님께서 열반에 든 뒤 가섭 존자의 주재로 칠엽굴에서 제1회 결집結集을 할 때 거기 참석할 자격이 없었다. 문자가 없었던 당시에 부처님의 말씀을 정확하게 기억하여 후세에 전할 방법과 부처님 열반 후 교단의 운영 문제 등을 상의하기 위한 첫 번째 회의였다. 거기에는 도를 깨친 500명의 아라한阿羅漢만이 참석하는 곳이기 때문에 아난다는 참석할 수 없었다. 이에 크게 분발한 아난다는 홀로 절벽 끝에 가서, 발꿈치를 들고 발끝으로 7일간이나 꼼짝 않고 서서 교족정진한 결과 드디어 도를 깨달아서 아라한이 되었다. 그리하여 장로들만 모이는 제1회 결집에 참석할 수 있게 되었다고 한다.
- ** 거각 擧覺에서 '거擧'는 스승이 공안을 들어 보이는 것, '각覺'은 그것으로 말미암아 제자가 마음을 깨닫는 것을 뜻한다. 즉 스승과 제자가 서로 공안으로 문답하는 것을 말한다. 하지만 보통 화두를 '든다'는 의미로 쓰인다.

말아라.

　비·바람이 숨을 고르니 햇살은 구름을 뚫고 본 모습을 드러낸다. 창문 너머로 이름 모를 하얀 꽃을 훔쳐보는 재미도 있구나. 세면장에 가서 손을 씻는데, 향기로운 꽃내음이 바람에 몰려온다. 큰 선물을 받은 느낌이다. 노란 유채꽃이 내가 머무는 방 옆 아래층 마당 한 켠에 피어 있다. 그 피어 있는 모양이 햇살을 받으니 더 노랗게 보인다.

　아래층 스님은 점심 공양 후 한가하게 땅 위를 보행하고 있다. 좌, 우로는 스님 키 보다 높은 벽이 둘러쳐져 있어 밖은 볼 수 없다. 이 곳에 정진하러 온 모든 분들이 다 이와 같지만 이층에 있는 나는 흙은 밟아보지 못하지만, 멀리 바다를 한 눈에 내려다 볼 수 있어 나름대로 좋고, 밝은 달빛을 훤히 볼 수 있어 좋다.

　정진 잘 되고, 못 된다고 하는 생각을 일으키는 이놈이 문제인 것 같다. 어떤 때는 정진이 잘 되어서 기분이 좋고, 어떤 때는 힘들어서 불쾌하다고 느끼는 이 모두가 누구의 장난인가? 이것 또한 스스로 짓는 것 아닌가? 그러니 화두 참구參究가 잘 될 때는 잘 되는 대로 하고, 화두가 잘 들리지 않을 때는 싫어하지 말고 그냥 그런대로 화두를 챙겨야 나 스스로 속지 않는 것 아닌가?

　며칠 전부터 뱃속이 계속 아파서 어제 저녁에도 빨리 쉬었는데, 오늘 오전에 또 아파 온다. 아파야 할 이유를 모르겠지만, 통증이 오니 어쩔 수 없이 자리를 벗어나 보행을 돌고 냉수 한 모금 마시고 다시 앉아 본다.

통증은 계속 되고 있지만….

4월 22일

중국 돈황敦煌에서 고비 사막을 넘어 티벳의 고산지대를 오른다. 차는 덜컹 거리면서 기어 올라간다는 표현이 좋을 것 같다. 나의 육신이 갑자기(아니, 미리 예고했겠지만 내가 몰라서 그랬겠지) 축 처져 버린다. 좌선을 하려고 좌복에 앉으려 하지만, 힘이 없다. 그래서 한참을 망설이다 드러누워 버렸다. 한편으로 마구니들이 춤을 추며 좋아하는 모습이 지나가는 것 같다. 얼마나 쉬었는가. … 다시금 천천히 되뇌어 보았다.

이제 정진한 지 겨우 한 달 보름 밖에 지나지 않는데, 소기의 성과도 거두지 못하고 포기하려고 하나? 그것은 아니올시다. 그러면 도대체 왜 그러느냐? 이유가 없다. 단지 아랫배가 더부룩한 게 평소 정진하던 때 장애의 원인이 된 것만은 사실이다. 육신의 노예가 되지 말자. 육신의 노예가 되면 언제 어느 때 도업을 이루겠는가?

주인공아, 그래도 너는 다행이라고 생각해라. 많은 생에 선근善根을 심었기 때문에 무문관 생활도 할 수 있지 않은가? 마음을 내더라도 누가 쉽게 여기에 들어와서 정진할 수 있나? 주인공아, 습기를 제거하려면 매우 독한 마음이 필요하다. 그러니 몸이 엄살을 부리면 적당히 당겼다가 다시 긴장을 하여 밀어붙여라. 나는 스스로에게 이렇게 말하고는 다시 한 번 견고심堅固心, 불퇴심不退心, 항상심恒常心을 굳히며 자리에서 일어나 좌선정진 후 절을 하였다.

4월 23일

이 곳 무문관은 비가 잦고 바람이 많다. 새벽의 수마를 아직도 극복하지 못하고 있다. 좌선 후 자리에서 일어나면 머리가 핑 도는 빈혈기가 며칠 전부터 더 심해지고 있다.

4월 25일

옛 고인들의 "신명(身命 : 몸과 목숨)을 돌보지 않고 한바탕 해야 가히 생사를 뛰어넘을 수 있다."는 말씀을 다시금 되새겨 본다.

몸과 마음이 참으로 간사하여 뭐라고 말할 수 없다. 조금 전까지 울다가 돌아 서서 웃는 아이들처럼 그렇게 지조가 없다는 것을 새삼 느낀다. 배가 아프고 빈혈 증세가 심하다는 핑계로 엊저녁 10시에 넘어져 누웠는데, 오늘 새벽 몸만 뒤척일 뿐 아침 죽 먹고 보행 조금 돌다가 또 드러누웠다. 사실 누워 있어도 마음이 편치 않다. 시간은 화살처럼 흐르는데, 이 순간 이대로 죽으면 어떡하나.

4월 26일

바스락 바스락, 뭔가 문밖에서 기어올라 뚫어진 창호지 너머로 들어와 툭 하고 떨어진다. 보니까 거미다. 좌선하고 있는 큰 물체인 나를 보더니 뒷걸음질 치며 벽에 붙는다. 그리고 동정을 살핀 후 유유히 내 앞으로 지나간다.

그저께 많이 쉬었으므로 엊저녁부터 쉬지 않고 11시간을 정진하였다. 피곤해도 정진해야 된다는 생각이 앞선다. 예참(禮參 : 불상이나 보살상 앞에 절을 하여 예를 표하는 일) 후 세면하면서 거울을 보니 눈이 멍하니 퀭하였다. 빈혈이 언제까지 갈지 모르겠다. 신경이 좀 쓰이기는 한데 어느 정도 몸무게가 줄어들면 적응하리라 싶다.

어제는 하늘이 뻥 뚫린 듯 바람과 비, 운무가 엄청 내리쏟더니, 오늘은 너무 맑다.

나라는 존재의 능력은 무한하다고 하였지만, 당장 배가 아프면 그 아픔에 집착하여 한 걸음도 앞으로 나아가지 못한다. 고통을 넘으면 고통이 없는데, 고통을 느끼는 주인공아, 도대체 진실한 주인공이 누구냐!

위장이 스트레스를 받고 있는지, 거기서 계속 통증이 온다. 이제 좌선만 할라치면 뻐근해 온다.

4월 27일

새벽부터 지금까지 복통 때문에 좌선은 못하고 의자에 앉거나 걸어다니면서 정진하였다.

무문관 밖에서는 병이 들어도 제대로 누워 있지 않았다. 그런데 막상 정진을 더 제대로 잘 해보려고 여기에 들어왔는데, 뜻밖의 복병伏兵을 만났다. 여러 가지의 갈등이 나를 힘들게 한다. 나 스스로 그렇게 만드는 것 같다. 하루 종일 화두는 뒷전이다. 저녁에는 기분전환으로 샤워도 하고…. 어쨌거나 나 자신을 극복하기란 혼자 있을 때가 더 힘들다는 것을 절감한다. 그래도 여기에 머무는 동안 일대사를 해결할 것이다. 비록 병마病魔가 나를 어찌 하더라도 결코 두려워하지 않을 것이다. 내가 갈 곳은 정해져 있다.『보왕삼매론』에 "병고病苦로써 양약良藥을 삼으라."고 하지 않았던가.

4월 28일

나를 쉬게 하려고 하였지만 하루도 쉬지 못하겠다. 화두를 놓고 있으러니 불안하다. 그리고 누워서 천정을 바라보며 언제 죽을지도 모를 이 몸을 생각하니 복통이 뭔지, 콧물의 흐름이 뭔지, 도무지 뒷전이다.

좌복 위에 앉으니 우측 갈비뼈 아래에 아픈 느낌이 있고, 좌측 위장 쪽 배 어디에도 성한 곳이 없는 것 같다. 좌복에서 일어나 보행하고 의자에 앉았다가 다시 좌복에 앉기를 계속 반복하면서 고통을 고통이라 느끼지 않았다. 다른 망상들은 이 고통 때문에 거의 없다. 한편으로 정진이 더 잘 되는 것 같다.

오후에는 위장병에 관한 책을 구해서 단번에 다 읽어버렸다. 내가 겪고 있는 것은 장이 스트레스를 받아 소화가 잘 안 되는 것이다. 오장五臟이 모두 스트레스를 받아 지친 모양이다. 그래서 오후에는 백팔배와 요가를 하지 않고 보행을 하고 의자에 앉아 정진을 하였지만, 그래도 좌복에 앉고 싶은 생각이 나를 유혹한다. 그래도 며칠 동안은 이렇게 의자에 앉거나 보행하면서 정진할 것이다. 그러나 그렇게 할 생각이 언제까지 갈런지….

주인공아, 목숨은 호흡 사이에 있다. 그러나 어떻게 하랴.

4월 29일

좌선을 오전에 한 시간 정도 하였지만 통증 때문에, 아니 사실은 용기가 없어 미비하였다. 무슨 용기냐고? 이곳에서 일대사를 마치려고 하였다. 그러나 '혹시나 병마로 인하여 이곳을 벗어난다면…' 하는 생각이 들자 두려움마저 들었다. 어쨌거나 육신과 타협하면서 좌복을 벗어나 보행을 하고 의자에 앉고 방바닥에 눕기도 하였다.

24시간 가만히 지켜보니 오후 4시에서 6시까지가 가장 통증이 심하게 느껴진다. 화두를 챙기지만 그다지 집중이 되지 않는다. 의자에 앉아 화두를 들지만 아직은 미진하고 보행 정진도 집중력이 떨어진다. 하지만 이럴 때 좌선과 연계된 행선(行禪 : 움직이며 하는 참선)을 더 잘 익힐 수 있는 기회라 여겨진다. 반드시 이 좋은 기회를 이용하여 최선을 다 할 것이다. 오늘은 폭풍이 지나간다.

4월 30일

삭발, 목욕날이다.

전기밥솥에서 죽을 끓여 아침 공양을 하고 삭발기로 머리를 깎고 욕탕에서 뜨거운 물을 받아 몸을 담그고 다시 찬물로 몸을 담그기를 세 번 정도 하고는 목욕을 마쳤다. 그러는 동안에 복통은 진정이 되고 기분도 전환이 되어 온 몸이 가벼워진 것 같았다. 좌복에 앉아 좌선을 하였는데, 다시 장腸이 당겨서 두 시간만 앉고 보행한 후 의자에 앉았다.

점심 공양을 한 후에는 두 시간이 넘도록 보행하고 의자에 앉았다. 좌복에 앉고 싶은 충동에 그렇게 했더니, 속이 조금 답답하게 느껴졌다. 두 시간 정도 앉았다. 평소같이 절을 하지 않고 6시에 다시 좌복에 앉았다. 윗배가 답답하게 느껴지고 무슨 나무막대가 있는 느낌이 들었지만, 한 시간 앉고 한 시간 보행하며 반복하기를 10시까지 하였다. 그러면서 "이 몸뚱이의 노예가 되지는 않으련다. 공부하다 죽는 게 훨씬 더 좋은 것이다."라고 다짐하였다. 그래서 오늘 밤에도 화두와 씨름하고 고통으로 도반을 삼을 것이다. 이 시간, 이 좋은 날, 언제 어느 때 다시 만나겠나. 두 번 다시 없는 귀중한 시간이 아닌가. 그리고 죽어보자. 살아서 죽자.

5월 1일

말차 한 그릇을 마시면서 새벽 정진을 하려다 복통을 핑계로 한 시간 가량 밖에 좌선하지 않고 그냥 시간을 보냈다.

오전에도 위장이 뻐근하게 조여 와서 좌선은 못하고 보행정진 하거나 의자에 앉아 오전, 오후를 보내고 저녁 6시엔 대종소리에 맞춰 108배를 하였다.

티벳식 절은 배의 통증 때문에 못하고 우리나라 식으로 절을 하였다. 그리고 점심공양 후에는 졸음이 오면 졸지 않으려고 문 앞에 못을 박아 끈으로 묶어 놓았다.

혹 내장에 무슨 암이라도 생겼다면 지금 당장 정진하고 죽으나, 정진 못하고 걱정하면서 죽으나 죽는 것은 매한가지가 아닌가? 그러니까 아픈 이것을 계기로 더 열심히 화두를 챙겨야 겠다는 생각이 든다. 아픈 이것도 나의 업業의 하나가 아닌가. 이것으로 인하여 업은 점점 소멸하고 정진에 도움이 되었으면 좋겠다. '이 뭣고?' 하는 이놈이 '이 뭣고?'

5월 2일

어제 저녁 예불을 마치고 바로 좌선에 들어갔는데, 시간가는 줄 모르고 밤새도록 좌선과 보행을 반복하였다. 그런데 화두가 홀로 드러나 화두 뿐이다. 처음엔 내가 깨달았나 할 정도로 고요하고 오로지 화두만 있었다.

이른 아침에 죽을 먹으려고 일어서는데 현기증이 나서 넘어질 뻔하였다. 정신은 깨끗한데 육체의 에너지가 없다. 화장실에 가서도 넘어질 뻔 하였다.

오전에 몇 시간 앉았다가 오후에는 배가 더부룩 하고 통증이 있어 보행을 하다가 의자에 거의 앉아 있었다. 예불 전에 한 시간을 앉았는데, 어제 저녁의 그 경지는 아니더라도 그와 못잖은 경지다. 어쨌거나 자만하지 않고 오로지 화두 드는 데에만 주력할 것이다. 어젯밤과 새벽녘에 화두가 독로되고 난 후에는 망상이 온 데, 간 데 없다. 참으로 신기하다. 뿐만 아니라 화두가 여일如一할 때는 잠도 침범하지 못하더라.* 옛 고인의 말씀이 거짓이 아님을 새삼 느꼈다.

5월 3일

새벽부터 하루 종일 현기증으로 매우 불편하였다. 오전에 정진하는데 힘이 부쳐서 앉아 있지를 못하였다. 오후 정진 때도 그랬다. 움직이면 어지럽고 좌선을 하자니 힘이 없고 눕자니 그렇고 해서 의자에 기대어 앉았다. 보행하는 식으로 정진하다가 저녁 예불 시간이 되어 잠시 세면하고 절을 하려는데, 방안이 하얗게 변한다.

절을 하지 말아야 하나 망설이다가 이왕 시작했으니 "부처님, 이 목숨 끝나기 전에 나를 움직이는 이 주인공을 반드시 알아내고 난 후에 죽겠습니다. 다행이 몸이 회복된다면 게으름 부리지 않고 부지런히 정진하여

● 몽중일여夢中一如의 상태와 관련, 『몽산법어』에서는 "마음을 써서 화두를 들지 아니하여도 자연히 화두가 현전할 때에 이르면, 경계와 몸과 마음이 다 이전 같지 아니하며 꿈속에도 또한 화두가 들리리니, 이와 같은 때에 큰 깨달음이 가까우리라." 고 하였다.

부처님 은혜를 갚도록 하겠습니다. 절대로 이곳에서 퇴타(頹惰 : 게을러서 무너짐)하지 않고 용맹스럽게 한바탕 정진하겠습니다." 라며 발원하고는, 절을 한 배, 한 배씩 하였다. 108배 하기가 이렇게 힘이 드나. 네 번을 쉬고는 마지막 스무 번 더 돌리고 일어나니 천정이 하얗게 보인다. 그 자리에 그대로 누워버렸다.

5월 4일

저녁부터 새벽까지 거의 누워서 정진하였다. 잠이 올 땐 일어나 보행하거나 의자에 앉았다. 새벽 종소리와 함께 아침 공양 거리를 전기밥솥에 앉힌 후 보행 정진하였다.

5시가 넘어서 좌복에 앉지도 못하니 옆으로 누워 정진하다가 잠깐 꿈을 꾸었는데, 개꿈이었다. 하얀 개가 교미도 하지 않고 새끼를 낳아 통(집) 속에 담아 떠밀며 나에 맡겼다. 개가 영리하구나. 자기 새끼를 집에 담아 물고 와서 나에게 맡기다니…. 개가 그리 험상궂진 않았지만 조금 무서웠다. 나는 망설이다가 잠에서 깨었다.

오전 쉬는 시간에 아래층 스님께서 창문을 두드렸다. 다름 아니라 저녁 9시부터 새벽 3시까지는 보행을 삼갔으면 한다는 것이었다. 스님의 말에 공감하고 고치겠노라 하였다. 당신이 쉴 때 내가 보행을 하니 쉬지를 못 할 수 밖에…. '미안합니다' 라고 속으로 말했다.

5월 5일

어느덧 2개월이 지났다.

여기 들어 올 때는 일주일, 일주일 만에 일을 해결하겠다는 마음 가득했지만, 나의 노력 부족으로 지금까지 왔다. 참으로 나 스스로 부끄러운 일이다. 나의 한계가 이것인가?

저녁 예불 때 창문을 열어놓고 절을 하는데, 하얀 안개가 마치 노도와 같이 몰려와 푸른 나무를 금방 덮어버리고는 물러간다. 108번의 절을 하는 동안, 이러기를 몇 번이나 되풀이 한다. '안개가 몰려 왔다가 사라지는 것이 내가 화두 챙기는 것과 별반 다를 것이 없구나' 하는 생각이 든다. 안개가 망상이라면 청산青山은 나의 화두에 해당된다. 화두가 희미하다면 안개인 망상이 청산을 덮어버리는 것은 자명하니, 화두를 놓치면 안 된다 싶어 꽉 잡들였다.

며칠 전부터 입안의 침이 써서 침을 삼키기가 거북하다. 몸의 어딘가가 불편하긴 한가 보다. 현기증은 어제 보단 덜하다. 갖가지 새들은 화답하듯 지저귀고 안개는 적병敵兵처럼 엄습해 온다.

5월 6일

오전 정진 시간에는 복통이 없어서 오랜만에 몇 시간 동안 좌선할 수 있었다.

창밖에는 비가 퍼붓고 빗속에서 들리는 새 울음소리가 더욱 구슬프다.

안개구름이 가끔씩 몰려왔다 몰려갔다 한다. 점심 공양을 적게 먹어서인지 공양한 지 한 시간 밖에 안됐는데, 벌써 소화가 다 된 것 같다. 좌선에 들었는데, 오후 4시가 지나자 배가 다시 아파오기 시작한다.

화두는 마치 물을 거슬러 올라가는 배처럼 열 번 노를 저어 배를 위로 밀어 놓으면 다시 내려가고 하는 형국이더니, 얼마 전부터는 조금씩 나아졌다. 자만하지 않고 부단히 이렇게 연결해 나가야 겠다. 화두 공부해서 낫지 못하는 병이 없다.

5월 7일

짙은 안개와 억세게 부는 바람, 장대 같은 비가 계속해서 내리더니 저녁 무렵이 되자 비로소 비와 안개가 물러가고 바람만이 세차게 분다. 끊임없이 울어대는 까마귀와 함께 오후부터 용맹정진을 하기로 했다. 물론 매일같이 하려고 했지만, 요 며칠 사이 배가 아파 몸을 보살피고 달래느라 시간을 보냈다. 잠도 충분히 자고….

지금 밖에서는 초파일 준비로 온 절 집안이 바쁘게 보낼 것인데, 나는 한가하게 밥만 얻어먹고 호사스럽게 지내는 것 같다. 비록 아랫배는 뻐근하지만 그래도 용맹정진 해야 겠다.

내게 대의심, 대신심, 대분심이 있는지 다시금 점검해 보았다. 무엇이 부족한 지는 모르겠다. 7일 기한을 정하고 정진할 것을 모든 불·보살님 전에 엎드려 예배 올리고 발원하였다. 일대사를 반드시 7일 안에 결정내야 겠다고….

고봉 스님이 말씀하시길 "천 길 우물에 빠졌을 때처럼 아침부터 저녁, 저녁부터 아침까지 오로지 우물에서 나오려는 생각과 같이 하라."고 하시지 않았는가!

5월 8일

어제 저녁과 오늘 새벽의 정진은 매우 좋았다. 아침은 죽도 아니고 밥도 아닌 것으로 간단하게 요기하였다. 그리고는 의자에 기대어 쉬다가 다시 좌선 정진을 하는데, 졸음이 간간이 몰려왔다.

오후에는 배의 통증 때문에 걸어다니지도 못하고 좌선도 못하고 의자에 기대어 있었다. 4시까지 통증이 가시지 않아 방바닥에 누워 배를 만지고 이리 뒹굴, 저리 뒹굴 하였더니 좀 낫다. 5시에는 좌복에서 일어나 108배 하고 방청소를 하고 감자 한 개를 삶고 일기를 적는다. 왜냐하면 나의 각오와 결심이 굳으니까. 낮엔 화두보다 망상이 조금 많았던 것 같았다. 그러나 즉시 알아채고 화두를 들었다. 햇빛이 없으니 날씨가 차갑게 느껴진다.

5월 9일

새벽녘 정진 때마다 시간을 알리는 종소리만 들리면 누울 생각이 먼저 들었다. 내가 의식하지 못 하는 사이에 방바닥에 드러누워져 있다. 참 우스운 현상이다. 그래도 내가 결정한 용맹정진에서 물러설 수 없다. 다시 일어나 좌복에 앉아 화두를 들지만 화두는 어디로 가버리고 잠이 몰려오며 온몸에 힘이 빠져버린다.

마치 뼈가 없는 사람처럼….

새벽 3시 도량석(道場釋 : 절에서 새벽 예불을 하기 전에 도량을 깨끗하게 하기 위해 치르는 의식) 목탁 소리에 다시 심기일전心機一轉 한다. 6시가 되기 전에 감자부터 집어들고 먹자, 정신이 차려진다. 오전 정진은 어제보다 좋았던 것 같았지만, 50보 100보가 아닌가.

오후 1시부터 좌선하는데, 정신이 아주 맑다. 그러나 오후 3시 이후부터 좌측 배가 아파오기 시작하더니, 마침내 좌선을 못하고 드러누워 장을 주무르고 물구나무서기와 보행을 좀 하자 통증이 약간 수그러들었다.

6시 정진 시간이다. 신심으로 욕락慾樂을 버리고 발심한 주인공아, 영원한 것과 명하지 않은 것을 똑똑히 분간하면서 가야 할 길을 고고하게 가야 한다. 이 곳에서 물러나지 않고 죽을 때까지 정진할 것이다.

5월 10일

어제 저녁과 오늘 새벽은 정진이 훨씬 쉽게 진행되었다. 오전, 오후 거친 망상이 있었지만 어제보다 적었고 미세한 번뇌들도 가끔 있었지만 편안하다. 하지만 오후 3시가 되자 어김없이 복부 통증이 찾아왔다.

할 수 없이 4시에 좌복에서 내려와 옆구리를 방바닥에 대고 누웠다. 오른쪽, 왼쪽으로 번갈아 가며 누워 배를 만지자 배에서 꾸르륵 소리가 크게 나더니 구토증상이 난다. 그러다 괜찮아진다. 그 와중에도 화두는 챙겨진다.

오후 5시 30분에 백팔 배를 하고 청소를 하였다. 그리고 죽염竹鹽을 몇 조각 입에 넣고 녹여가면서 이보다 더 좋은 약은 없다고 생각하였다. 아무래도 대장 쪽에 문제가 생긴 것 같지만, 전체적으로 다 신경성인 것 같다.

'공부하다 병신이 되면 그보다 더 좋은 훈장이 없고 공부하다 죽는 것보다 더 값진 죽음은 없다. 배야, 통증이 올테면 와라. 나는 화두를 챙길 것이다. 용맹정진 할 것이다' 라고 생각했다.

5월 11일

엊저녁 7~8시쯤 좌선하다가 구토증세가 심해서 힘을 많이 소비한 탓인지, 오늘 새벽은 어제보다 정진하기에 힘이 부친다. 좌선하다 의자에 기대어 하다, 다시 보행 정진하는 사이에 화두는 의식을 해야만 들린다. 지금 이 순간 화두는 도망가지 않고 희미하게 들려 있다.

오전에 정진하다 조금 졸기도 하였지만, 나름대로 괜찮았다. 점심 때 햇 녹차가 들어왔길래 공양 후 우려 마셨다. 입맛에 길들여서인지 역시 우리 녹차가 좋다. 새 다기茶器에 햇차를 우려내니 향기는 아직 풋풋하지만 좋다. 오후 1시부터 정진하는데, 2시 30분 쯤 윗배가 아파온다. 오늘은 앉아서 버티기로 작정하고 통증이 올 때는 아예 엎드려 버렸다. 몇 분이 지나 조금 통증이 가라앉으면 몸을 세우고 또 엎드리고 이렇게 하기를

5시까지 계속하였다. 절을 하는데 구토증세가 있고 장이 계속 움찔움찔 거렸지만, '너는 그래라. 나는 절한다.' 는 식으로 계속 가자.

5월 12일

어젯밤엔 순경계(順境界 : 좋은 경계) 였지만 새벽엔, 나의 게으름 때문에 아까운 몇 시간을 낭비하였다. 분하고 원통할 정도로…. 다시는 되풀이 말자고 작심作心하였다.

오전은 순경계요, 오후엔 역경계逆境界. 하루 종일을 살펴보니 역경계와 순경계의 반복이다. 하지만 역경계를 싫어하고 순경계를 탐하지 않는다. 단지 역경계일 땐 화두가 달아나지 않도록 더 잡들인다.

오후, 배 통증이 올 시간인데 통증 대신 방귀만 한 시간 가량 계속 나왔다. 그러건 말건 이 기회가 두 번 다시 올 수 없다고 생각하니 자리에서 일어 설 수가 없었다. 6시가 되어서야 좌복에서 일어나 백팔 배 하고 청소를 하였다.

주인공아, 역경계 순경계를 가리는 게 누군가? 화두 들고 놓치지 마라, 알겠나!

5월 13일

새벽녘이 나의 취약 부분이 확실한 것 같다. 어젯밤 12시까지는 잘 정진하다가 새벽엔 힘이 떨어져서인지 화두가 면밀하지 못해서인지 그냥 잠에 취해 버린다.

오전 정진 중에 혼침이 왔고 점심공양 후 의자에 기대어서 몇 시간을 정진하는데, 역시 혼침이 몰려왔다. 오후 6시 50분까지 좌선했는데, 많이 산란하였지만 화두는 목전을 떠나지 않았다. 6시쯤 배에 통증이 조금 오더니 그쳤고, 정진 중에 환희심이 증대했다.

조금 전만 해도 문 밖은 안개에 흠뻑 젖더니 지금은 바람따라 안개비를 맞고 있다. 나의 의식도 안개가 바람따라 왔다 갔다 하는 것 같다. 그러나 본분本分의 입장에서는 요동됨이 없이 항상 여여한 그대로이지만 아직 본래면목을 보지는 못하였다. 그러니 부지런히 '이 뭣고?' 하는 이놈을 다시 '이 뭣고?' 하여 반조한다. 지금, 법희선열(法喜禪悅 : 참선을 통해 느끼는 기쁨과 즐거움) 그대로이다.

'이~ 뭣고?'

5월 14일

삭발, 목욕하는 날이다. 시간이란 자신이 느끼는 만큼 길기도 하고 짧기도 한가 보다. 어쨌거나 두 달 반을 훌쩍 넘겨버렸다. 어젯 밤과 새벽 2시까지 화두를 들고 있는데, 시간이 마치 물결이 지나가는 듯하였다. 특이한 현상이다.

오전 정진 중에 망상이 조금 있었지만, 만족하지 못한 것은 아니었고 점심 공양 후 삭발, 목욕하고 세탁도 하였다. 2시 30분이 지날 무렵 좌복에 앉으니 배에서 통증이 몰려와 자리에서 일어나 의자에 기대었다. 여기는 아직 햇살이 보이지 않는다.

먼저 정진하고 떠나신 분이 "여기에 귀마개가 있으니, 결제기간에는 귀마개를 해야 좋을 것 같다."는 글을 적어 놓았다. 나는 귀마개를 하고 정진하진 않겠다. 소리도 극복해야 할 부분인데, 그것을 취사·선택取捨選擇하여 분별하는 것이 뭔 소용 있겠나? 소리가 들리면 더욱 더 화두를 챙길 것이고, 지금도 그렇게 하고 있다. 가끔씩 누수漏水되는 물소리가 들린다. 그 소리는 의식이 얼마만큼 무상하게 넘겨 보내는가 아닌가에 따르리라.

5월 15일

새벽녘 의자에 기댄 채 잠이 들어버렸다. 꿈속에서 큰 강이 급하게 흘러가는데, 웬 스님들이 강을 거슬러 헤엄을 치며 올라간다. 점점 힘이 들어야 하는데, 오히려 몸이 가벼워진 상태에서 헤엄을 치다가 물에서 그대로 올라와 걷다가 뛰어서 위로 간다. 이런 꿈은 찰나 순간에 꾼 것이다.

비가 그치지 않고 계속 내린다. 화두를 들다 보니, 어째 처음 화두를 들 때처럼 일부러 의식을 두어야 할 때가 있고, 어떨 땐 순풍에 돛을 단 듯 들지 않으려 해도 자연스레 들린다. 이러나 저러나 오직 '이~뭣고?' 밖에 없다. '이~뭣고?' 용맹심을 내어 정진하자. 점심 공양 후 4시까지는 괜찮았는데, 곧 뱃속이 굳어지는 느낌과 함께 통증이 온다. 자리에서 일어나 보행을 해도, 의자에 기대어도 통증이 있어서 누워서 좌, 우로 만져보니 요란한 소리와 함께 목안이 뻐근해 온다. 조금 힘들어 108배를 관둘까 하다가 겨우 마치니, 저녁 7시 예불 종소리가 들린다. 통증은 여전한 채….

5월 16일

어제 저녁에는 배의 통증이 심해서 아예 방바닥에 드러누웠다.

좌, 우측으로 번갈아 누워있다가 잠이 들어 깨어보니 11시였다. 얼른 자리에서 일어나 좌복에 앉았다. 배의 통증은 사라졌다. 화두를 챙기면서 어느새 새벽 2시가 넘었다. 피곤하여 의자에 기대었다가 다시 좌복에 앉고 하기를 반복하다 5시 넘어 잠시 좌복에 누웠다. 30분쯤 뒤에 미숫가루(禪食)를 한 그릇 타 마시고 다시 좌선을 하는데, 혼침이 쏟아졌다. 이러기를 반복하다 큰 방 대중들의 운집 목탁소리와 함께 좌복에 앉아 성성하게 화두를 잡들일 수 있었다. 오후 4시가 되니 또 윗 배가 쓰려온다. 화두는 점점 희미해져 오고 얼른 화두를 부지런히 챙겨 본다. 이~뭣고, 이~뭣고?

5월 17일

육근六根, 육식六識, 육경六境*이 도적이란 사실을 통감하였다. 야간 정진과 새벽 정진을 망치는 것이 바로 이 도적들의 소행이었다. 이 육근을 되잡아 나의 것으로 만들 수 있어야 한다. 그러지 못하면 마침내 견성성불을 기약하지 못할 것이다.

새벽부터 다시 1주일간 용맹정진 할 것이다. 배의 통증은 간과할 수 있다. 아픔은 아픔대로 두고 정진하고자 하는 에너지가 많으면 많을수록 변화가 될 것은 분명하다는 것을 나는 확신한다.

오늘은 분유를 신청하여 배가 조금씩 아파오는 오후 4시쯤에 한 잔을 타마셨더니 조금 누그러졌다. 정진은 갈 수록 오리무중인 듯하지만 순조롭게 될 때나 그렇지 못할 때나 (더 많지만) 조급증을 내지 않는다.

5월 18일

어제 오후 6시 넘어 좌선 중 배에 통증이 있어 의자에 기대거나 보행을 했는데, 이제는 기대기도 힘들 정도로 통증이 온다. 아픈 와중에도 화두는 들고 있었으나 결국 누워버렸다.

이른 아침에 자리에서 일어나 지난 밤과 오늘 새벽의 나를 생각해 보았다. 특별한 생각을 내어 여기 무문관에 들어왔는데, 배의 통증 때문에 해야 할 정진을 못하다니 통탄할 일이로구나. 스스로 분심이 든다. 이런 지

● 객관적인 대상을 색色 성聲 향香 미味 촉觸 법法의 육경六境이라 하고, 이 육경에 대하여 보고 듣고 냄새맡고 맛보고 부딪치고 아는 여섯가지의 인식 작용을 육식六識이라 한다. 곧 안식眼識 이식耳識 비식鼻識 설식舌識 신식身識 의식意識의 총칭이다. 육근六根은 육식六識을 일으켜 경계를 인식케 하는 여섯 가지 근원 즉, 심신을 작용하는 여섯 가지 감각기관으로서, 눈 귀 코 혀 몸 뜻을 말한다. 육입六入이라고도 한다. 육식, 육경(또는 六塵), 육근을 합쳐서 십팔계十八界라 한다.

경으로 오늘 내일 보낸다면 이곳에 오래 있다 나간들 나의 삶에 무슨 이익이 있겠는가. 이런 저런 여러 생각들이 지나자 아픈 배는 뒷전이 되었다.

몸은 편안하게 해주면 끝없는 나태심으로 떨어진다. 주인공아, 이 난관을 극복해야 한다. 그래야만 시주施主의 은혜와 불·보살님의 은혜에 만분의 일만큼이라도 보답이 되지 않겠나. 통증은 극복할 수 있다. 용기를 가져 용맹심을 내어라.

5월 20일

여기는 벌써 여름을 맞아 방 안 온도가 27℃를 웃돈다. 어제와 오늘 정진 중 복부 통증이 없어서 너무 좋다. 저녁과 새벽 정진도 어느 정도 만족스럽다. 앞으로 더 충실할 것이다.

복부 통증 때문에 망상을 하나 피웠다. 다름 아니라 과일 껍질을 새들에게 주려고 통을 하나 만들어서 껍질이 아래로 떨어지지 않도록 준비했다. 『발심수행장』에 "새 소리와 오리 소리로 벗을 삼으라." 했는데, 새를 도반으로 삼아 정진할 것이다.

복통이 사라져 가일층 정진에 매진하고 밤 11~12시 사이, 혹은 새벽 도량석 도는 3시에 기상하여 새벽 정진을 좀 더 알차게 할 뿐아니라 하루 정진에 있어서도 잠을 더 줄여 나갈 것이다.

5월 21일

매일의 일상이 똑같이 되풀이 된다.

이틀 전부터 복통이 없어지니 육체적으로 매우 경쾌하다. 따라서 마음까지 쾌활해진다. 때때로 정진하는 것을 점검해 보니 조금씩 나아가는 것 같다. 하지만 아직 육신을 완전히 조복받지 못해서 아쉽다. 여태까지의 습성이 있어 지금 당장 변화되지는 않지만, 때때로 점검하여 게으르지 않고 부지런히 용맹스럽게 화두를 거각하여 곧 게으름을 고쳐나갈 것이다. '이 문을 나갈 때는 반드시 깨닫고 나가야지, 그렇지 못하면 그 즉시 바로 지옥이다.'라는 생각으로 노력할 것이다.

나의 공부에 장애가 오면 그 모두가 나의 업이요, 인연이라 여겨 순순히 받아들인다. 옛 조사와 부처님의 말씀에 "부지런히 정진하면 번뇌·망상은 반드시 끊어진다."고 하지 않았나. 이 말씀이 진실하다는 믿음이 철저하지만 아직 온전히 행하지 못하고 있다. 그러나 지금보다 퇴화하지 않고 철저하게 화두를 거각하여 점점 화두 순일純一의 날이 되도록 할 것이다.

5월 22일

엊저녁, 정진이 순탄했다. 그러나 새벽부터 오전까지는 매우 산란하였고 점심공양 후엔 엊저녁과 같은 상태다.

얼마 전에 오리무중五里霧中이란 표현을 하였는데, 이제 안개가 조금씩 걷혀 간다고나 할까? 아니면 가닥이 잡혔다고나 할까? 완전히 자신감이 아닌 확신이 섰다. 부지런히 게으르지 않고 화두를 챙기도록 하겠다.

창밖에는 노란 수선화가 수줍게 피었고, 어제 오후부터 매미의 첫 울음소리가 들린 것 같다. 며칠 전부터 콧물이 계속 나더니 오늘은 두통도 있다. 엊저녁 잠을 못자서 점심 공양 후 의자에서 잠시 눈을 붙였다. 저녁 9시에 분향(焚香 : 향을 사름).

5월 23일

어제 오후 6시 이후의 정진은 화두가 독로獨露되어 9시에 자리에서 일어날 때까지 너무 성성하였다. 향을 사르고 상기된, 아니 흥분된 기운을 억제하였다. 쉬이 가라앉지 않아 의자에 기대어 1시간 정도 있어도 온몸에 열이 가득하고 정신은 맑고 환희로와 주체할 수 없는 기쁨이 넘쳐 흘렀다. 다시 좌복에 단정히 앉아 두어 시간 정도 지나자 진정되었다.

그 동안의 번뇌·망상은 연기 사라지듯 사라져 찾을래야 찾을 수가 없다. 자정이 지나도 맑고 맑아 조금의 흥분과 기쁨은 남아 있다. 그러나 흥분된 기쁨을 그대로 방치하면 환희마歡喜魔가 틈을 이용한다.

화두를 잡들이고 새벽을 맞았다. 분명 어제의 경계와는 다르다. 옛 선배님들의 말씀이 터럭만큼도 어긋남이 없음을 확인하였다. 이후에도 흥분을, 환희심을 진정시켜 나가 끝을 볼 것이다.

오늘 오전부터 오후 5시까지 화두가 성성하며 적적하다. 하지만 가끔씩 나 스스로 망상을 짓는다. 앞으로는 스스로 망상을 짓지 않고 온전히 화두만 잡들일 것이다.

"주인공아, 성성하냐?"

"예, 성성합니다."

5월 24일

어제 저녁 정진은 매우 피곤하였다. 새벽녘도 어제와는 비교가 안 될 정도다. 이 모두가 신심의 부족이며 용맹심 부족이다. 오전 6시에 우유 한 잔을 타마시고 보행을 돌고는 다시 정진에 임하였다. 온몸이 피곤하지만 정신은 상쾌하다.

오전 정진과 오후 4시까지의 정진은 어제와 별 차이가 없다. 정진 중 화두에만 전념하니 망상은 붙지 않는다. 하지만 화두를 조금만 늦추면 망상이 침범하기도 한다. 아직 완전한 화두 독로는 아닌 듯 싶다. 하지만 며칠 전과는 분명히 다른 것만은 확실하다.

지금 문 밖에는 바람이 억세게 불고 비는 내리쏟아진다.

5월 25일

어제 저녁 정진은 저녁 10시까지는 번뇌가 오후보다 심하다가, 10시 이후엔 조금씩 줄더니 새벽에 다시 고개를 든다.

하현下弦 달이 창밖 처마에 걸려 있다. 밤새 심하게 퍼붓던 비바람이 아침이 되자 부드러운 안개가 되어 주위를 감싸고 갖가지 새들이 노래한다.

오전 6시부터 좌선을 하는데, 잠시 졸았다. 꿈에 웬 포수가 누굴 총으로 겨냥하더니 놓쳐버렸다. 그런데 내게 다가오더니 새알인지 감자인지 몰라도 주면서 삶아 먹으란다.

5월 26일

어제 저녁 6시 정진은 그야말로 화두삼매話頭三昧였다. 선정禪定이라 할 수 있겠다.

그러나 화장실에 다녀 온 뒤 그와는 너무 다른 경계다. 온갖 호사난사(好事難事 : 좋고 나쁜 일)에 몇 시간을 보냈다. 온몸에 열이 올라 마침내 단전에 의식을 집중하여 진정시킬 수 있었다. 그리고 어제 밤을 새운 여파로 매우 피곤하여 누워서 쉬었다. 정진이 잘 될 때도 경계하고, 안 된다고 낙담을 말아야 한다.

새벽 정진은 그렇고 오전 6시부터의 좌선은 순경계였지만 간혹 내가 앞으로 해야 할 좋은 일들이 화두를 가리다가 '이~뭣고?'에 밀려 봄눈 녹듯 사라진다. 순경계라도 흔들리지 말고 평정을 찾아야 한다. 이 순경계를 경계하느라 약간의 상기가 있었다.

찻잔을 씻고 퇴숫물을 버리려는데, 긴 지네 한 마리가 퇴수통의 차향茶香을 맡는지 가만히 있다. 지네가 가고 나면 버려야 겠다.

오후 정진은 어제와 비슷한 경계이나 어제보다 화두 들기가 용이하다.

이번 주 내로 해결해야겠다는 생각으로 용맹정진할 것이다.

'이~뭣고?'

5월 27일

어젯밤 6시부터 11시까지는 그저께에 비할 수 없이 깨끗하고 적적(寂寂 : 고요고요)하였다.

그러나 잠을 자려는 데 잡된 망상이 끊임없이 따라붙는다. 11시 넘어 방바닥에 모로 기대어 누웠는데도 잠이 쉬이 오지 않는다. 새벽 2시에 잠이 깼는데, 그 중간에도 두 번이나 더 깨었다.

잠깐 자면서 꿈을 꾸었다. 넓은 돌담을 쌓은 곳에 우물이 있고 그 우물 속에 막대가 담겨져 있는데, 그것을 발로 굴리며 아이들이 놀고 있었다. 내가 다가가서 '어, 여기는 예전에 똥통이었는데'라고 말했으나, 그 안이 말라 있었다. 가만히 안을 들여다 보니 나무가 뒹굴고 지저분한 오물이 있었다. 아이들은 재빨리 노는 것을 관두고 언덕 위로 올라간다. 나도 따라 올라가면서 꿈을 깼다.

새벽 정진도 좋았다. 들뜬 기분이 조금 있었지만 4시 이후 제자리였다. 화두가 독로한 것 같지만 아직도 의심을 챙겨야 한다. 내가 꿈을 꾸는 기분이다. 요즘 화두를 챙기면서 느끼는 것은 처음 여기서 정진할 때와는 다르긴 다르다.

오전 정진은 어제에 비하여 확실히 달라졌다. 오전 6시부터 11시까지는 좌선을 하고 점심공양 후 2시까지는 보행을 하거나 의자에 기댄 채 하였다. 배의 통증이 가시고 나서는 오후 5시까지 좌선을 하였다. 오늘 오후 2시부터 5시까지는 어제와 그저께, 그 그저께의 단점을 완전히 파악하였다. 그러니 자연히 화두가 독로될 수밖에. 그러나 아직 완전한 100%는 아니다. 100%가 될 때까지 쉬지 않고 '이~뭣고?'를 할 것이다.

"주인공아, 할 수 있나?"

"네, 할 수 있습니다. 물러서지 않고 용맹스럽게 정진하겠습니다. 이~뭣고?"

5월 28일

구름이 걷히면 청산(靑山 : 청정한 본래 마음자리를 상징)이 그대로 청산이네.

새벽 4~5시 사이에 몸이 습관적으로 피로하다. 의자에 기대었는데, 그냥 잠이 쏟아진다. 20~30분 졸았나 보다. 화두가 성성하면 잠은 없다고 하지 않았나? '어젯밤부터 온전히 화두였는데, 내가 왜 잠에 취해야 하나?'라는 생각에 이르자 다시 좌복으로 가서 단정히 앉아 화두를 드니 정말로 잠은 순식간에 사라져 버렸다. 혼침도 게으름에서 오니 전적으로 화두를 챙겨야 겠다. 오후 정진은 어제보다 비교적 나았다. "늙은 쥐가 궤짝 뚫듯이…."*

5월 29일

어제 저녁은 완전히 만족은 못하지만, 그런대로 괜찮았다. 화두도 성성하게 독로되는 것 같았지만, 아직 티끌이 있다.

새벽엔 잠을 자버렸다. 언제나 그렇듯이 오전 6시에 정진했다. 화두 들리는 것이 어제와 비슷한 것 같지만 그저께 다르고, 어제 다르고, 오늘 다르다. 삭발하고 목욕하는 날이지만 견성見性하고 난 뒤에 삭발하기로 결정하고 오전 내내 정진에 임하였다.

점심공양 후엔 비·바람이 세차게 불고 안개도 짙게 드리운다. 새가 먹잇감을 제대로 찾지 못해 내가 설치한 먹이통에 자주 들른다. 그래서 과일 껍질을 평소보다 많이 썰어놓았다. 오후 정진도 어제에 비하면 좀 나아진 것 같다. 하나 온전하게 화두가 순일하지는 않다.

안개가 짙게 드리운 저녁, 참새가 먹잇감을 찾아 이리저리 배회하고 꾀꼬리란 녀석은 항상 제 시간에 울어댄다.

- '쥐가 궤짝 뚫듯이'라는 표현과 관련, 허운 스님은 『참선 요지』에서 이렇게 법문한 바 있다. "송대宋代 이후, 사람들의 근기가 비열하여, 알려주어도 성과를 이루지 못했다. 비유하면 '일체를 놓아라.', '선善도 악惡도 생각하지 말라' 했으나, 모든 것을 놓아 버리지 못하며, 선은 생각하지 않고, 악을 생각하는 것과 같다. 이러한 때를 당해서 조사께서 부득이 독毒으로써 독毒을 쳐 부시는 법을 채택하여 학인에게 '공안公案을 참구하여라.', '또는 화두話頭를 보아라.'라고 가르쳤다. 심지어는 일정한 하나의 죽은 화두를 파고들게 해서 그로 하여금 긴급히 계속하여 찰나도 흐트러지지 말라고 한다. 마치 늙은 쥐가 나무 궤짝을 뚫는 것과 같이 정해진 한 곳만 파면 뚫어져 그만 두지 않을 수 없을 것이다. 이러한 목적은 한 생각으로써 만 생각을 물리치는 것이니 이것은 실로 부득이한 방법이다. 마치 저 악의 독이 몸에 있으니, 칼로 째서 치료하지 않으면 살기가 어려운 것과 같다."

5월 30일

어젯밤 정진 역시 그 전날보다 점점 깨끗해짐을 확실히 알 수 있다. 항상 중정(中正 : 중도와 바름)을 유지해야 한다. 그렇지 않으면 마구니가 침노한다.

새벽 5시까지 화두가 순일한 것 같아 환희심(歡喜心)을 조금 내었더니 6시 정진에는 온갖 번뇌가 들끓는다. 아침 8시 이후부터 화두가 독로되어, 9시 이후에 아주 깨끗하다. 그리고 잠도 사라졌다.

5월 31일

새벽녘 정진은 어젯밤과 전혀 다르다. 조금의 기쁜 마음이 오히려 좋지 않은 큰 결과를 가져온 것 같다. 실망하지 않고 정진할 것이다.

오전 정진은 아직도 망상이 따라붙는 감이 있지만 맑다. 오늘이 7일 가행정진 중 마지막 날이다. 목표를 오늘까지 잡았지만 결과는 그저 그렇다. 저녁 정진 때 부지런히 하여 또 좋은 결과를, 아니면 내일부터 다시 7일 가행정진에 들어가 견성할 때까지 계속 용맹정진할 것이다.

6월 1일

오전엔 번뇌가 끓어 화두와 같이 동행했지만 번뇌는 힘이 없었다. 예전의 번뇌와는 달리 무기력하였다. 점심공양 후 방에서 보행을 돌면서 한 발 한 발 디딜 때마다 화두를 싣고 다니니 환희심이 솟는다. 하지만 이

내 평정심을 되찾아 의자에 기대었다가 다시 보행을 반복하였다.

오후 2시 의자에 기댄 채 정진하려니 수마가 달려들어 좌복에 앉아서 정진을 하니 화두가 깨끗하게 들린다. 5시 10분 전까지 좌선을 한 후 방 청소, 백팔 배, 세면과 세족을 하고 차 한 잔을 여유있게 마시니, 옛 선배님들의 말씀이 불현듯 떠오른다. "물살이 센 곳으로 배를 댈 때 밧줄을 잡듯이 배의 밧줄(화두)을 꽉 잡아라."는.

정신을 느슨하게 해서는 안 되겠다. 좀 더 게으름을 채찍질하면서 화두 드는 데 가일층 힘을 모아야겠다. 그리고 환희심이 생기더라도 절대로 그 기쁨을 오래 끌고 가지 말고….

6월 2일

어느 덧 6월의 이튿날이다.

3개월이 지났지만 아직 본본사(本分事 : 본성을 깨닫는 일) 해결을 하지 못하고 있다. 일주일 일주일 아니 순간순간 생사대사(生死大事 : 나고 죽는 큰 일)를 해결하려고 노력하고 있지만, 나의 습성 때문에 아직 화두를 뚫지 못하고 있다. 그러나 조만간 좋은 소식이 있도록 노력할 것이다.

어젯밤 흡족했던 정진은 오늘 오전까지 이어졌으나, 10시부터 11시 30분 사이에는 온갖 번뇌가 엄습해 왔다. 그러나 화두의 힘이 강력하니 번뇌의 힘은 점차로 사라진다. 오후 2시 이후의 정진은 그야말로 순일무잡 純一無雜이다. 하지만 절대 환희심*을 내지 않을 것이다. 내가 지금 꿈을 꾸고 있는지?

6월 3일

오전에 무문관 밖에서 운력할 때 풀 깎는 기계를 사용하는지 기계 소리가 크게 났다.

하지만 나의 화두 드는 것과는 전혀 상관이 없었다. 그리고 어제 오전의 화두 들리는 것과 차이가 있다. 퍼센트로 따지자면 어제는 60% 화두 듦이었다면 오늘은 70~80%로 화두 참구가 확연하게 달리 느껴진다.

6월 4일

안개가 파도처럼 밀려왔다 밀려갔다 하더니, 오전 8~9시 사이에 돌풍이 불었다.

108배를 하고 머리를 감는데, 머리카락이 길다. 견성하고 나면 삭발하려고 하는데 얼마나 길어질지…. 머리를 감을 때도 철저하게 화두를 챙겼다. 좌선할 때처럼. 오늘은 증차蒸茶를 마셨는데, 맛이 일품이다. 새소리도 더 정다이 느껴지고.

● 수행 중에 나타나는 경계의 하나인 환희심歡喜心에 대해 몽산법어는 다음과 같은 주의를 주고 있다. "의심이 깊어지면 화두를 들지 아니해도 자연히 현전現前하리니, 문득 환희심을 내지 말지니라. 잘 되든 안 되든 내버려 두고 바로 늙은 쥐가 궤짝棺材을 쏠듯 다만 무자無字 화두를 들어 보아라."

6월 5일

이른 새벽부터 오후 5시 30분인 지금까지 시간가는 줄 모르겠다. 누군가 시침時針을 앞으로 자꾸 돌려놓는 것 같은 그런 하루다. 아니 거의 매일 같다.

108배를 마치고 오렌지 한 개 먹고는 새벽부터 시작한 정진을 되돌아보았다. 새벽에 망상이 조금 일었고, 오전 6~7시까지도 망상이 일어났는데, '왜 망상에 놀아나 정진을 잘못하고 있나.' 하는 생각이 들 정도였다. 그러나 7시부터 다잡아 화두 정락(定樂 : 선정의 즐거움)에 들었다. 11시 10분 경에 방선(放禪 : 좌선하던 것을 쉬는 것)하여 점심 공양을 하였다. 오후 정진도 매우 만족하였다.

지금 이 순간 아주 평온하다. 새들은 지저귀고 날은 화창하고 나의 심안(心眼 : 마음의 눈)은 점점 밝아져감을 느낄 수 있다. 그러나 일기를 쓰면서도 쓰는 것이 후회된다. 이~ 뭣고?

밖에서 누가 말하기를 무문관에서 정진하는 사람들은 전생前生에 죄를 많이 지어서란다. 정말 그런가 모르겠는데, 어쨌든 여기서 정진하는 사람들을 그다지 곱지 않게 여기는 이들도 있는 것 같다.

6월 6일

간밤 10시부터 12시 사이, 정진 도중에 온몸이 청량함을 오랫동안 느꼈다. 새벽에 피곤함이 몰려왔지만, 5시가 되자 컨디션이 정상으로 돌아왔다. 이후 오전, 오후 정진이 다 좋았다. 꿈에 머리의 육계(肉髻)•가 핏줄처럼 생기기 시작하며 점차 넓고 굵게 되었다. 또한 많은 사람들과 밥을 먹으려 하는데, 누군가 밥상을 전부 발로 차버렸다.

오후 5시 방선 후 108배를 마치고 마시는 차 한 잔이 그렇게 좋을 줄이야! 보행정진 또한 그대로가 환희의 세계이다.

6월 7일

어제 저녁 9시 이후부터는 화두를 들려고 하지 않아도 저절로 들린다. 그런데 잠잘 때는 잘 모르겠다.

오전 3시간 정도 악경계(惡境界)가 죽 끓듯이 끓어서인지 힘이 없다. 그러다가 10시부터 11시 사이엔 화두가 아주 독로되었고, 오후 2시부터 3시 사이엔 이유 없이 답답하였다. 4시까지 화두가 독로되어 조금 흥분되었지만, 스스로 이렇게 독려하기를 '주인공아, 깨닫지도 않았는데, 왜 그러니?' 차분히 화두를 들어 심기(心氣)를 가라앉혔다.

6월 8일

엊저녁 정진 역시 좋았다. 오늘 새벽 1시에 누웠다가 4시 10분 전에 기

• 육계(肉髻)는 부처의 정수리에 상투처럼 우뚝 솟아오른 혹과 같은 것으로 불정(佛頂) 또는 무견정상(無見頂相)이라고도 한다. 부처님 32길상(吉相)의 하나로서 보통 부처의 머리 위에 혹과 같이 살(肉)이 올라온 것이나 머리뼈가 튀어 나온 것으로 '지혜'를 상징한다.

상하였지만, 화두는 스러지지 않고 들린다.

오전 정진은 태풍이 지나간 뒤의 아주 고요한 세상인 것 같다. 작은 미풍 곧 망상이 따라 붙지만 힘이 약하다. 화두는 가늘게 이어지고 몸은 가벼우며 마음은 어제에 비해 너무나 평온하다. 들뜨거나 상기되지 않는다.

오후 정진에도 번뇌가 화두랑 섞여 있었지만 번뇌는 힘이 없다. 정진할수록 기운이 차분해진다. 지금까지 이렇게 화두가 잘 들리지만 화두타파가 되지 않는 것은 나라는 상相*아만 때문임을 알 수 있다.

6월 9일

어제 저녁과 오늘 오전 6시부터 8시까지의 정진에는 혼침과 함께 화두가 가늘게 이어졌다.

적적寂寂한 상태가 오래 지속되다가 8시 이후부터 다시 화두가 활기를 찾았다. 경미한 망상과 더불어 오후 정진 1시간 역시 그런 상태였고, 이후는 그저 그랬다. 가끔씩 거친 번뇌가 엄습하였지만 봄눈이 화로에 떨어지는 듯 하였다.

사실 며칠 전까지는 빨리 깨달아야겠다는 마음이 앞섰지만 이제 거친 생각들이 차츰 정리가 되면서 굳센 용맹심을 가지고 오직 화두만 충실하

---

* 아상我相은 오온五蘊이 화합하여 생긴 몸과 마음에 참다운 '나'가 있다고 집착하는 것을 뜻한다. 중생이 실재라고 믿는 네 가지 상 즉, 사상四相에는 아상과 함께, 사람의 경계에 사로잡혀 다른 것을 구별하는 인상人相, 중생계에 대해 이러저러한 고정관념을 가진 중생상衆生相, 중생이 살고 죽는 것에 집착하는 수자상壽者相이 있다.

게 들 수 있도록 힘을 모아야겠다는 생각이 든다. 그러면 깨달음은 자연히 다가오지 않을까? 가만히 있어도 화두가 꼬리에 꼬리를 문다. 마치 샘물이 솟듯이….

6월 10일

젖 먹던 2~3세 때의 느낌이다. 간밤 6시부터 8시까지는 번뇌・망상과 화두가 어울렸지만 9시 이후로는 적막 그대로였고, 어릴 때 혼자 방안에 누워 천정을 바라볼 때의 그 느낌이다. 오늘 오전 6시부터 8시까지 화두에 웬 번뇌가 그리도 따라다니는지….

그러나 번뇌는 힘없이 나가떨어지고 화두는 맑고 깨끗하니 티끌이 더 이상 붙을 수 없다. 10시부터 11시까지는 그야말로 화두만이 존재하였다. 오후에도 안정되게 정진이 되었다.

6월 11일

새벽에 꿈을 꾸었는데, 나의 몸으로 밝은 빛이 들어오길래 순간적으로 나도 모르게 뭐라고 소리를 질렀다.

오전 6~8시 정진에 번뇌가 섞였다. 그것도 아주 많이. 이후에는 아주 적적寂寂한 시간이었다. 점심 공양 이후 화두 일념이 되었지만 그래도 망상이 달라붙는다. 오후 3시 넘어 화두 정락定樂에 머물다 6시에 자리에서 일어났다. 평온하기 그지없다. 아름다운 새소리와 안개가 선원을 포근히 감싸안고 있다.

6월 12일

오전 정진 중에 두 시간은 번뇌와 화두가 함께하더니, 이후 9시부터 11시까지는 정定에 들었다. 점심 생각은 없었지만 습관처럼 일어났다.

"주인공아, 머리가 점점 자라고 있는데, 어째 앞길이 보이는가? 견성하면 삭발한다던 약속 잊지 않고 있겠지? 빨리 견성해야 삭발할 것 아니냐? 주인공아, 게으르지 말고 정진해라."

오후 정진은 어제보다는 미흡하였지만, 어제와는 또 다르다. 안개는 부지런히 왔다 갔다 하지만 산은 무심하다. 매일 앉아서 정진하는데, 깨달은 이 어디 있나?

6월 13일

어제 저녁 6시부터 8시까지 망상이 많더니, 그 이후에는 그야말로 화두가 봇물 터지듯 쏟아졌다. 그러나 너무 오래되면 상기가 될 것 같아 단전에 의식을 두고 화두를 들었다. 그러자 화두는 단전으로 내려와 독로되어 시간이 흐르자 온통 사방이 화두였다.

새벽에는 어제와 비슷하였고, 오늘 오전 6시까지 망상이 있었으나, 8시 이후로는 화두 정락에 빠졌다. 그러나 망상은 여전히 뼈에 살이 붙어 있는 듯 따라다닌다. 범소유상 개시허망(凡所有相 皆是虛妄 : 무릇 相이라고 하는 것은 모두 허망하나니)이니….

오후엔 잔인할 정도로 스스로 번뇌로웠다. 외부적인 요인 즉 일차적인 요인이다.

6월 14일

엊저녁 6시부터 12시까지의 정진은 그저께 보다 상승되었고, 오늘 오전 역시 어제만큼 성성하다.

점심 공양 후 좌선하는데, 웬 졸음이 그리도 쏟아지는지. 여기 와서 처음 있는 일이다. 졸음이 오지만 화두를 들고 끊어지듯, 이어지듯 하길 1시간이다. 그러다 이후에는 성성하게 정진했다. 여전히 번뇌는 따라다닌다.

6월 15일

새벽 4시부터 혼침 속에 가늘게 이어지는 화두는 실낱같다. 8시가 지나면서 혼침이 사라지고 화두가 성성함과 동시에 망상이 사라졌다.

오후 정진은 그저 그렇다. 화두가 역력하지만 망상이 아직 붙어있다. 4시부터 5시 사이에는 좀 나아져 화두가 성성하였다. 가만히 돌이켜 보니 아직도 용맹심이 부족한 것 같다. 그러니 오늘도 일을 끝마치지 못하고 내일로 미뤄지고 또 내일, 내일로 이어지는 것 같다.

주인공아, 대용맹심을 내어 결단을 내어보아라. 주인공아!

6월 16일

간밤 8시부터 시작된 화두 독로가 새벽까지 이어졌다. 그리고 잠도 차츰 줄었다. 오전 정진에도 혼침이 없다. 단지 화두 타파打破하고 난 뒤의 일을 생각하느라 환희심이 일었으나, 10~11시 정진 시간엔 많이 차분해졌다. 꿈은 아니겠지?

점심 공양 후 소화가 빨리 되어 평소보다 30분 빨리 좌복에 앉았는데, 화두가 오리무중이다. 집중이 힘들고 화두는 온 데 간 데 없다. 1시간 동안 힘들여 화두를 챙겼는데, 마치 사막 위의 발자국을 바람이 지워버리는 것 같다. 10분 보행정진 후 정좌하니 그제서야 화두가 잡힌다. 108배를 마친 후 우유 한 잔 마시고 배회하는 안개를 바라본다.

6월 17일

어젯밤 몸살 기운이 너무 강해서 일찍 자리에 누웠다가 10시 30분에 일어나 정진하다가 다시 눕고 또 일어나 정진하기를 반복하였다.

오전에 정진하는데, 순간적으로 피곤함에 짓눌려 화두가 달아나 버렸다. 그러다 8시가 막 넘어가자 화두는 제자리를 찾았다. 오후 정진 역시 매우 좋았다.

사실은 이렇게 몇 마디 적기가 두렵다. 정진 잘 된다고 한 이후에는 오히려 흡족하지 못할 때가 많으니까. 어쨌거나 목적지인 깨달음을 향해 좋은 경계이거나 역경계이거나 간에 쉼없이 정진할 것이다.

오늘은 새 먹이를 세 번이나 주었다. 내가 주는 먹이를 먹고, 새가 벌레를 적게 잡아먹도록 발원하였다.

6월 18일

엊저녁 6~8시는 화두가 성성했다. 새벽 정진 역시 좋았다. 오전 4시에 졸음이 와서 의자에 기대었다. 한 30분 정도 자버렸다.

'아하, 내가 또 습성에 속았다.' 하는 생각이 번뜩 들어 화두를 다잡으니 잠은 저녁에 피어오르는 연기 사라지듯 없어졌다. 그리고 기분이 조금 상기되는 듯 하였는데, 새벽부터 내리는 비가 기운을 차분하게 이끈다.

오후 정진 시간에는 망상이 어찌나 따라 붙는지 전혀 생각지도 않은 부분의 일들이 꼬리를 물고 늘어졌다. 모두가 탐심貪心에 의한 욕망들이며, 나의 상相이 아직도 허물어지지 않은 탓이다. 하지만 그렇다고 화두를 놓칠 수야 없지 않은가.

6월 19일

오전까지 비·바람이 억세게 불어 닥치더니 오후엔 언제 그랬냐는 듯 구름 한 점, 바람 한 톨 없다. 날씨처럼 정진 또한 그랬다. 문 밖 앞바다가 오랜만에 파도 없이 파랗다.

6월 20일

어제 저녁과 새벽 때의 정진은 좋았다. 하지만 아침에는 피곤함이 몰려오는 것이 체력이 많이 소진되었나 싶다.

밖에서 대중들이 이른 아침부터 무문관 주위로 모여 운력(運力 또는 雲力 : 노동 수행)을 한다. 곡괭이로 흙을 파고 망치로 돌을 두드린다. 도대체 예고도 없이 일을 하니, 정진하는 나로서는 무관심하려 해도 잘 되지 않는다.

점심 공양 들어올 때 쪽지가 들어와 그때서야 무슨 운력을 하는지 알았다. 밖의 소임자들이 좀더 세심하게 살펴줬으면 하는 바람이 들었다. 화두 정진은 그저 그랬다.

6월 21일

드디어 내일, 내일 하면서 미루던 신 김치를 처리하였다. 김치를 두어 번 씻은 뒤 힘껏 짜서 버무린 다음 (티벳의 짬바처럼) 조금씩 떼어서 다 먹었다. 썩 좋은 맛은 아니지만 싫지도 않았다. 김치를 말끔히 해결하고 나니, 한결 기분이 개운하다.

정진은 어제와 마찬가지지만 조금씩 다른 것 같은데, 정확히 표현이 안 된다. 날이 너무 후덥지근하여 방문을 열어 놓았더니 안개가 손님처럼 들어와 앉는다.

6월 22일

간밤 8시부터 새벽 3시까지 정진은 매우 좋았다. 마치 화두가 바다 위에 홀로 떠 있는 배와 같았다.

오전, 오후 6시까지의 정진도 간혹 망상이 섞일 때가 있었지만 화두 그대로였다. 마음은 가뿐한데 어깨엔 피로감이 내려 앉았다. '이~뭣고?' 화두가 눈앞에 환히 비친다.

오늘 증차는 어쩐지 맛이 쓰다.

6월 23일

양쪽 골반이 결리는 것 같다. 하루 종일 화두 참구하느라 언제 시간이 흘렀는지 벌써 저녁이다. 밖엔 안개가 바람따라 노닌다.

오늘부터 특이한 것은 화두를 한참 들여다 보면 시원한 느낌이 오는데, 특히 눈 주위가 더 시원하게 느껴진다. (물론 전부터 눈은 시원했지만) 입술 부르튼 것도 많이 호전되었다.

6월 24일

오전에 화두가 들리지 않아 고전하였다. 하지만 얼마 지나지 않아 화두는 순조롭게 활발발活潑潑하였다. 아직도 적으나마 망상은 여전하다. 오후 정진, 그런대로 만족스럽다. 화두가 저절로 이어지며 성성하였다.

차를 마시며 공부점검하니 오늘도 내가 목표로 하는 완전한 깨달음에는 이르지 못해 스스로 부끄러웠다. 순간을 놓치지 않고 화두 챙기려 하지만 적으나마 아직도 망상을 끼고 있다. 번뇌는 다할 때가 있지만, 나의 본 성품은 다함이 없으니…. 하지만 언젠가는, 끝날 날이 올 것임을 확신한다.

6월 25일

아래층 스님에게 1층에서 좌복을 햇빛에 말려달라고 부탁하였다. 엊저녁부터 시작된 화두 독로가 오늘 오전까지 이어지고 있다. 특히 10시에서 11시 사이에는 화두정락에 들기도 하였다.

오후에도 오전과 비슷하였고, 화두 들리는 게 어제와는 판이하게 다르다. 바람이 불어 정진하기에 아주 좋다. 그 틈을 이용하여 게으르지 않게 정진하려고 노력하였다.

108배를 마치고 세면을 하다가 '이렇게 정진하다가 언제 일대사를 마치겠나 싶어 오늘부터 잠을 자지 않고 정진하자'는 결론에 이르렀다. '그래 분심을 내어 지금부터 또다시 용맹정진 하자. 주인공아, 저기 부처님 고행상을 보아라. 저 상은 뼈만 남았는데도 불구하고 너는 아직 살이 많이 붙어있지 않니. 그것은 너의 용기가 부족한 탓이다.' 이런저런 생각에 분심(忿心 : 분한 마음)이 난다.

'허리가 부러져도, 정강이뼈가 부숴져도, 볼기살이 문드러져도 좋으니 용맹정진하여 이 일을 속히 끝내버리자. 하겠나? 주인공아, 해야 한

다. 반드시 해야 한다.'

6월 26일

새벽녘, 그냥 졸음이 쏟아진다. 아직 수면을 극복하지 못했다. 화두가 역력하지 못한 까닭이다. 그러나 실망하지 않는다.

오전 정진 중 2시간은 망상이 많이 따라붙었다. 이후에는 좋았으며 10시 30분 이후 11시 30분까지 정定에 들었다. 공양 넣어주는 문 소리를 듣고 정에서 깨어났다.

나도 선정에 들 수 있구나. 그것도 화두정話頭定에.

오후 정진도 괜찮았다. 다만 이제부터 날씨가 본격적으로 더워질텐데 얼마나 지치지 않고 잘 헤쳐나갈지….

6월 27일

어제보다 망상이 확연히 줄어든 것을 느낄 수 있다. 어릴 때의 기감氣感이 역력하게 느껴진다.

6월 28일

삭발, 목욕일이다. 오전 정진은 어제보다 못했다. 점심 공양하고 삭발할 때나 목욕할 때 화두가 저절로 챙겨진다. 오전과는 또 다르다. 순간순간을 놓치지 않으려 애쓴다. 이~뭣고?

이틀 동안 비·바람이 억세게 불더니 오늘 오후는 조용하다. 엊저녁에는 여기 와서 가장 화두가 안 들렸다.

6월 29일

주인공아, 좀 더 힘을 내어라. 좌선 중에 화두는 들리지만 망상이 따라 붙는다. 날씨는 덥지만 머리부터 발끝까지 시원하여 추위를 느낄 정도다.

6시 청소 후 108배를 하는데 멀리 수평선 위에 하얀 구름산, 그것도 일자로 된 하얀 구름산이 보인다.

저녁에 가루차를 마셨다. 내가 즉시에 이름지어 '환희청량차歡喜淸涼茶'라고 하였다. 오늘도 마치 끝없는 사막을 걷는 것처럼 종일 화두만 챙겼다.

6월 30일

어제와 별반 차이가 없다. 그런데 망상, 번뇌가 일어날 때 눈을 부릅뜨니 망상이 소멸된 게 특이하다.

주인공아, 힘들지? 그래도 이 일은 너 스스로 해결하지 않으면 안 되는 것이다. 그러니 힘들어도 분심을 내어 반드시 일대사를 해결하고 편안히 쉬어라. 모든 불·보살님과 신장(神將 : 잡귀나 악신을 몰아내는 장수신)님이 다 네 편이다. 마구니(魔軍 : 마귀와 같은 나쁜 경계)는 바로 너의 게으른 한 생각이니, 절대로 게으른 생각일랑 내지 마라.

7월 1일

7월이다.

모 여행사 달력의 눈 덮인 카일라스산(須彌山 : 고대 인도의 우주관에서 세계의 중심에 있다는 산)이 시원스럽다. 매일 어제와 별 차이가 없다. 3개월 아니 1주일만에 해결하려던 일을 여지껏 해결하지 못하고 있다. 실망하지는 않는다. 시간에 구애 받지 않고 견성오도見性悟道할 그날까지 쉼 없이 정진할 것이다.

여기에는 안개가 많이 낀다. 바람에 이리저리 몰려다니는 것이 화두 속에 노니는 망상 같다.

7월 2일

오전부터 몸이 무겁다. 정진도 그저 그렇다. 어젯밤을 생각하면 아직도 멀었다 싶고, 그래서 몸이 더 무거운 것 같다. 엊저녁엔 방바닥에 눕는 줄도 모르고 누워버렸다.

오늘 점심 공양 후 보행정진을 하고 의자에 앉아 화두를 드는데, 화두는 없고 망상이 죽 끓듯이 올라온다. 정신 차려 눈을 부릅뜨면 사라질 것을….

7월 3일

새벽녘에 피곤하여 자리에 모로 누웠는데, 누군가 팔을 잡아당기는 것 같아서 보니 아무도 없고 천정을 향하여 팔을 휘젓고 있었다. 순간, 아! 정진하라고 그러나 보다 싶어 벌떡 일어나 방을 몇 바퀴 돈 다음 좌복에 앉았다.

새벽까지 그런대로 잘 보냈다. 바람도 많고, 운무(雲霧 : 구름과 안개)도 자욱하다. 바람이 쉬지 않고 불어 대면 운무가 걷히듯 나의 화두도 확실하게 드러날 것이다.

오전 정진은 어제 보다 낫고 머리, 이마, 눈 등이 시원하여 덜 덥다. 오후 정진 역시 만족스럽다.

7월 4일

며칠 전부터 저녁 시간에 항상 같은 망상이 떠올랐는데, 어제는 그게 거의 사라졌다. 오늘 오전, 거친 망상은 거의 없었고 화두만이 독로하여 이것이 실재인가 할 정도였다. 한 시간 가량이 지나자 망상이 조금 붙었지만 힘이 미약했다. 그래서 용기백배하여 오후까지 밀어붙였다.

입관 이후 두 번째로 국산 망고가 들어왔는데, 인도나 태국산 보다 맛과 향이 더 진하다. 감사합니다. 좋은 음식 먹고 부지런히 정진하도록 하겠습니다.

7월 5일

새벽 2시부터 3시 사이, 정진 중에 피곤하여 잠깐 잠이 들었다.

꿈에 나무와 볏짚을 길게 쌓은 무더기 집에서 내가 잠을 자는데, 밖에서 장작과 볏짚 무더기 집이 탄다고 아우성이다. 문을 열고 나가보니 순식간에 모두 타버리고 재 하나 없이 깨끗하다. 그러다 잠이 깨어 정신을 똑바로 하여 좌복에 앉았다.

오전 정진에는 은근히 화두가 독로하였다. 망상은 일어나도 미미하였고 특히 10~11시가 좋았다. 점심 공양에 피자와 스파게티 등이 나왔다. 이 음식을 먹고 잘 소화시켜 정진 잘 하겠노라 발원하며 먹었다.

어미 새가 어린 새들을 교육시키느라 쉴 틈없이 지저귄다. 점심 공양 이후의 정진도 화두가 성성하였다.

7월 6일

주인공아, 정진에 진척이 있느냐? 새벽 정진에는 화두가 들리지 않았다. 그에 따라 몸도 피곤하고 그냥 눕고 싶은 충동 밖에 없다. 졸음을 극복하려고 방을 돌아도 잠은 달아나지 않는다. 의단(疑團 : 의심 덩어리)과 용맹심, 분심은 어디로 갔나?

새벽을 그렇게 보내고 오전에 줄곧 앉아 있었지만, 그러함의 연속이었다. 때로는 짜증이 났지만 화두를 챙김으로써 짜증은 사라져 버렸다. 이러한 경계가 오더라도 나를 자학하지 않고 차분히 화두만 들었다. 그랬더니, 10시 이후로는 화두가 절로 들린다. 화두가 끊기기 전에 화두를 이어가야 한다는 생각은 하고 있지만, 자신도 모르게 화두를 놓쳐버리면 망상과 혼침이 들어와 졸음이 오거나 망상 속에 놀아난다. 새벽이 되면 내 습성이 나도 모르게 눕고 싶은 마음밖에 나지 않아 매우 힘들다. 이 새벽을 극복해야 화두 일념이 될 터인데 말이다. 새벽 시간은 반드시 극복해야 할 과제다.

주인공아, 네가 너를 모르니 그것만큼 어리석고 불쌍한 일이 어디 있느냐? 꼭 해결해라!

오후에 시시각각時時刻刻 화두를 챙기지만 그 순간순간이 항상 새롭다. 그러니 화두 챙길 때마다 새로이 하루하루를 맞는 것이다. 새벽에 퍼붓던 비가 그치고 지금 부는 바람이 더운 날 청량감을 준다.

7월 7일

간밤과 새벽의 정진은 매우 좋았다. 특히 지난 밤 8시에서 새벽 1시 사이에는 화두가 성성적적(惺惺寂寂 : 또렷하게 깨어 있으면서도 산만하지 않은 상태)하게 독로 되어 여기서의 정진 중에 가장 인상적이었다.

오전, 오후에도 망상은 미미했다. 엊저녁의 가행정진加行精進이 계속 이어진 것 같다. 가행정진, 이~ 뭣고?

7월 8일

안개가 많이 끼어서 몸이 불편한 사람은 온몸이 찌뿌드드하니 힘든 날씨다.

오전 2시간 동안 열심히 화두를 챙겼지만 망상이 자꾸 끼더니, 9시 이후에는 저절로 화두가 챙겨지며 힘이 있다. 짙은 안개가 바람이 불어도 끄떡도 않더니 서서히 옅어진다. 마치 나의 번뇌·망상처럼. 날씨 탓인지, 며칠 전부터 왼쪽 위장 쪽이 더부룩하게 뻗쳐 올라 상쾌하지 않다.

7월 9일

감쪽같이 속았다. 주인공아, 너에게 내일이 보장되어 있느냐? 아니 이 시간 이후가 보장 되느냐? 화두가 성성하다고, 몸이 건강하다고 이 시간 이후가 보장되어 있느냐? 잘 될 때 열심히 해야 한다. 오늘 아침만 해도 봐라. 건강하던 몸, 잘 들리던 화두는 다 어디 갔느냐? 지금 이 순간이 지나면 어떻게 변할지 모른다.

아침 정진 시간에 2시간은 배가 아파 좌선은 못하고 의자에 기대거나 보행을 하였다. 순조롭던 화두도 아픔에 가려 멀어졌다. 날씨처럼 참으로 우중충한 시간이었다. 오후에는 배가 조금 우리하였지만, 참고 계속 정진하였더니 괜찮았다.

저녁 정진은 그저 그랬다. 평소 보다 1시간 빠른 5시에 방선放禪하여 청소 한 뒤 108배를 하고 세면을 하는데, 얼굴에서 때가 나온다. 매일 세수해도 때가 나오나 싶었다. '그래, 나의 본성을 가리는 때도 얼굴의 때처럼 벗겨져라. 그래서 옛 고인들께서 하신 말씀에 어서 빨리 계합해 보자.'고 다짐하였다.

7월 10일

어느 덧 7월 중순으로 접어들고 있다. 날씨는 안개, 비, 바람의 연속이다. 사실 오늘 저녁이 어떻게 될런지 알 수 없어 일기 적기가 두렵다.

어제 저녁 정진이 너무 잘 되었다. 새벽 1시에 피곤하여 잠시 누웠는데, 10분만에 깨어 눈을 감아도 눈이 감기지 않았다. 그러면서 화두는 목전에 뚜렷하였다. 새벽은 이렇게 보내었다.

낮에는 그보다는 느낌이 덜하였으나 나름대로 이어가려고 노력하였다. 오후 네, 다섯 시에는 망상이 조금 붙어 이후는 만족스럽진 않았다.

주인공아, 모든 것들이 이 시간 이후는 보장을 못한다. 열심히 화두 잡들여라.

7월 11일

아, 또 실패였다. 엊저녁과 새벽 정진이 부실했다. 그 부실을 낮에 만회하려고 무진 노력을 하였다. 오늘 뿐만 아니라 매일 그렇게 하였다.

오후에 평소보다 1시간 앞서 방선하여 방 정리정돈을 다시 하였다. 발렴簾을 다시 고쳐 매고 다구茶具는 밖으로 내어놓았다. 그리고 종이상자를 차판茶板으로 하여 차를 마셨다.

오후가 되어 반짝 해가 돋자 온도계가 28℃를 가리킨다. 그러나 지금은 또 안개가 밀려와 해는 사라져 버렸다. '열심히 정진하겠노라.' 스스로 다짐하며 차를 또 마셨다. 이~뭣고?

오늘 꿈속에서 힘들 때에는 '지심정례 환희장마니보적불(至心頂禮 歡喜藏摩尼寶積佛 : 환희장마니보적불께 정성을 다해 예배합니다)'을 부르며 절을 하고 기쁠 때에는 아미타불, 관세음보살이 절로 나왔다.

7월 12일

어젯밤과 새벽녘 정진은 양호하였다. 그런데 새벽 시간에 배가 고파 허리가 자꾸 고꾸라진다. 여러 번 있는 힘을 다해 허기진 육신을 일으켜 자리에서 일어나 방을 몇 바퀴 돈 다음 다시 좌복에 앉았다.

아침에 우유 한 사발과 사과 반 쪽을 먹고 나니 힘이 솟는다. 그런데 혼침이 찾아들었다. 그래서 의자에 기대어 한 시간을 보내고 난 뒤 다시 좌선에 들어갔다. 하지만 오전 두 시간 동안은 혼침이 많았다. 새벽에 거칠게 불던 바람이 그치자 산사가 아주 고요해지니 안개가 몰려왔다. 오후부터는 정수리와 머리 전체가 시원해져 왔다. 이마와 눈 주위는 항상 시원했지만.

7월 13일

오전에 망상이 많이 달라붙는다. 그러나 그 망상은 힘이 없다. 오후엔 삭발, 목욕하고 나서 바느질을 한 뒤 차를 마시며 지금까지의 정진 내용들을 되돌아보았다.

주인공아, 너 살려고 이곳에 왔니? 죽으려고 왔니?

범소유상 개시허망凡所有相 皆是虛妄, 시심마是甚麼.

이 뭣고? 이 뭣고? 이 뭣고? ~.

7월 14일

오늘부터 당분간 일기를 적지 않기로 했다. 모를 일이지만 몇 자 적고 난 뒤에 반드시 정진에 문제가 생기는 것 같다.

이 뭣고? 이 뭣고?

7월 26일

자연적으로 화두가 들리더니 어제부터는 희미하게 들리더니 지금은……

오늘 아침에도 그렇고. 그래서 고심 끝에 다시 화두를 챙겼다.

7월 30일

선원장 스님께 면담 요청.

7월 31일

오후 6시 20분, 선원장 스님과의 면담.

"화두가 자연 현발現發된 상태에서 화두를 자연 현발된 상태 위에 올려 놓고 해야 하는지 아니면 그대로 두고 해야 하는지?"를 물어보았다.

스님께서는 "화두하는 놈, 그러니까 이놈이 가짜이니, 그 밖의 모든 것도 가짜일 것이다. 그런데 그것을 잣대로 삼아 하면 잘못된 것일 것이다. 화두가 자연적으로 현발된 상태는 매우 귀중한 것이며, 그 화두를 향해 '너 참 오랜만이구나. 그래 우리 대도大道를 성취해 보자.' 하고는 자연 현발된 화두와 함께 하면 좋다."고 하셨다.

새벽녘 꿈에 오래되어 묵은 많은 눈들이 녹아내렸고, 더러운 큰 강물이 흘러가는데 내가 물가에서 속으로 생각하기를, '몇 시간만 있으면 더러운 물은 다 흘러내려갈 것인데…'라고 했다.

해가 지고 어둠이 감돌면 어둠 밖에 없다가 시간이 지나면 밝음이 다가오듯이 우리의 본성을 덮고 있는 업장業障들도 뜨거운 열을 가하면 녹아내릴 것이 분명하다.

8월 1일

화두가 현전現前되어 현전된 화두에 의거하여 다시 화두를 들기 시작했다.

처음 현발된 화두에 비하면 힘은 부족하나 깨끗해진 것 같다.

8월 2일

오전, 화두는 달이 강에 떨어진 경계와 파도치는 경계에 놓이다. 갑자기 잘 들리던 화두가 사라짐. 그리고 계속 진행.

8월 3일

오전은 들릴 듯 말 듯 아주 느렸고, 오후에는 급한 계곡물 흐르듯 빨랐다. 화두가.

8월 4일

오전에 빨랐다가 다시 고요해졌다. 그러다 시간이 흐르자 들고 있던 화두마저 없어졌다. 그래서 다시 화두를 거각했다.

8월 7일

오전, 가늘게 들리던 화두에 몰입하다.
10시 30분부터 11시 30분 사이 화두정에 들다.

8월 8일

면면이 화두가 독로되어 가고 있다.
가끔씩 온전하게 화두만 들릴 때도 있다.

8월 9일

꿈에 새를 잡다.
웬 아주머니가 심통하니 지켜보고 있다.

8월 10일

어제 저녁부터 자연 현전된 화두는 사라짐.

8월 11일

점심 공양 후 삭발, 목욕하고 2시부터 정진.

8월 12일

하안거(夏安居 : 음력 4월 보름 다음날부터 석달간 갖는 여름 집중수행) 해제일(解制日 : 집중수행을 마치는 날)이다.

허리와 엉덩이뼈가 무척 아프다. 오전 10시 30분부터 화두가 자연 현전되었다. 또 가행정진이다.

8월 13일

오후 2시, 특별하다.

5시 정진 땐 망상이 달라붙지 않음.

8월 16일

오전부터 완전 화두만이 존재.

8월 27일

신경이 매우 날카로워진 것 같다. 행자가 오늘 과일을 가져 왔길래 돌려 보냈다. 어제 가져온다고 했는데….

앞으로 포도 외의 과일은 먹지 않기로 작정하고 쪽지에 적어 보냈다. 한 달 동안 내가 너무 과일에 의존한 것 같아 과감히 끊기로 마음먹었다. 어젯밤 7시부터의 정진은 특별하였다.

9월 19일

엊저녁 8시부터 한기寒氣가 돌며 머리가 깨어질듯 아프고 몸살 기운이 있다.

9월 22일

밤 8시 30분 경 번뇌 소진(消盡 : 사라짐).

9월 28일

간밤 12시 이후 두상頭象 변화.

10월 8일

여로서입우각(如老鼠入牛角 : 마치 늙은 쥐가 소뿔 속에 들어간 것 같다)*.

158

10월 14일

간밤 9시 넘어 특별한 체험.

10월 15일

진장식이광장발**(塵將息而光將發 : 티끌은 장차 쉬고 광명이 장차 발하리라).

11월 2일

어제와 비슷하나, 몸과 마음이 매우 가볍다.

방에서 걸을 때엔 마치 유리 위를 걷는 것 같다. 두통이 조금 있다. 옛 스님네들이 "지극한 즐거움을 참기란 무척 힘들 것이다. 도 닦다가 잘못하면 미친다."고 한 말씀이 스쳐 지나간다. 나는 지극한 즐거움을 인내

* 이와 같은 경지에 대해 고봉 선사는 『선요』에서 이렇게 밝히고 있다. "간절히 화두를 챙겨 조금도 틈이 없게 하여서, 움직임과 고요함 속에 한 치의 어그러짐이 없이 점차 깊고도 깊은, 미세하고 미세하여 극히 미세한 곳에 도달하는 것이다. 이는 마치 어떤 사람이 먼 타지방에 나갔다 점차 길을 돌려 집에 도착하는 것과 같다. 또 쥐가 쇠뿔에 들어가 달리다 뾰족한 막바지에 도달한 것과 같으며, 또 도적을 잡아 장물을 찾을 적에 범죄 동기와 행위를 캐물어 남김 없이 그 죄과를 드러내는 것과 같다. 이 자리에서는 움직이거나 물러날 것이 아니며, 가거나 올 것이 없으며, 한 생각도 생겨나지를 않으니, 앞뒤의 시제時際가 끊어져서 우뚝하고 우뚝하며 당당하고 늠름하다. 이는 마치 만 길의 절벽 끝에 앉아 있는 듯 또는 백 척 되는 장대 끝에 멈춰 있는 것과 같아, 한 생각 잘못에 자칫 목숨을 잃게 되는 것이니, 장차 공功을 이룬다 할지라도 아무쪼록 간절히 온전한 공부를 챙겨나가야 할 것이다. 그러다 홀연 일상생활 속에서 자기도 모르게 와! 하는 일성一聲이 터진다면, 마치 가시가 가득한 큰 숲속에서 죽었다 다시 살아나올 수 있는 한 가닥 길을 찾아낸 듯 하리니, 이 자리가 어찌 통쾌하지 않겠는가."
** 이 내용은 하루 전 『몽산법어』의 '이개정절'의 공부단계에 나오는 술어이다. 같은 경계가 이틀 동안 순일하게 이어지고 있음을 알 수 있다.

할 것이다. 지금처럼.

11월 3일

어제와 비슷하다.

오전에 몸살 기운이 있었지만, 사시 공양 때 뜨거운 국수를 먹었더니 괜찮다.

11월 7일

매일 똑같이 반복되는 것 같지만, 하루 한 시가 차이가 남을 느낄 수 있다. 삭발하고 거울을 여러 번 반복하여 보며 머리의 변화를 살폈다. 오늘은 오른쪽 이마가 조금 부풀어 올랐다.

내일이 또다시 동안거 결제일이다.

11월 8일

동안거(冬安居 : 음력 10월 16일부터 석달간의 집중수행) 결제일結制日이다. 여름 안거를 매우 힘들게 보내고 가을에 접어들면서 화두가 자연 현전되더니 위장도 차츰 제 기능을 발휘하는 것 같다.

"동안거 중에도 게으르지 않고 한결같이 정진하도록 모든 불·보살님 전에 향을 사르고 예배합니다. 화두 타파는 저 개인의 일이지만 결코 저 혼자 누리지 않겠습니다. 화두 타파에 전심전력하여 결단코 이번 안거

동안에 마치도록 하겠습니다." 하고 발원을 하였다.

정진은 어제와 비슷했지만 조금 달랐다. 오전에 두통이 있어서 40분 정도 쉬었다.

"주인공아, 오늘 공부 어떠하냐?"

"예, 마치 늙은 쥐가 소뿔에 들어가도 끝없이 들어가는 듯하며, 어떤 때는 화두가 드러났다가 다시 크게 들리지 않고 미미하게 들리기도 합니다. 그리고 제 스스로도 게으르지 않게 화두를 챙기고 있습니다. 망상은 아직도 따라 붙고요."

"몸과 마음의 상태는?'

"예, 평상시에는 몸이 매우 가볍게 느껴지고, 잠을 자고 새벽에 일어나면 그땐 몸이 몹시 무겁습니다. 잠에 취해 힘들게 느껴지고 다리에 힘이 없어 앉아서 정진은 못하고요. 마음은 매우 깨끗한 것 같습니다."

11월 10일

정진은 어제와 비슷하다. 마른 풀을 태우는 듯한 소리는 매우 맑게 들리고, 들리는 시간은 짧아졌고 들리는 횟수가 잦아졌다. 그리고 여름에 얼음 덩어리를 머리에 얹은 것처럼 머리가 매우 맑고 시원하다.

11월 11일

소진(消盡 : 객진번뇌가 사라짐). 번뇌는 점차로 가벼워지고 화두의 힘은 점차로 증가한다. 따라서 심신이 경쾌하다.

11월 12일

계속 반복되는 가운데, 마치 쥐가 소뿔에 들어가듯, 뿔의 끝이 좁듯이 번뇌의 소진되는 폭도 점점 좁아지는 느낌이다. 귓가에 윙윙거리는 소리도 적게 들려 복도에 있는 시계바늘 소리마저 들린다.

"주인공아, 너 혹시 깨닫기를 기다리고 있느냐?'

"아닙니다. 단지 화두 챙기는 마음밖에 없습니다. 혹시 화두가 달아나 버릴까 걸음도 빨리 걷지 않고 정定을 보존하고 있습니다. 지금도 번뇌가 있습니다만, 그것은 마치 맑은 거울에 비친 티끌과 같이 훤히 보입니다."

11월 13일

깊이를 알 수 없지만 자꾸 깊숙하게 들어가는 듯한 느낌이다. 어제보다도 더.

11월 15일

어제와 비슷하다.

깊이는 알 수 없지만 더 들어간 느낌.

11월 19일

매우 깊이 들어간 것 같은 느낌.

개안작업開眼作業하는 듯 하다.

11월 20일

여투수월화(如透水月華 : 마치 물에 비친 달빛과 같다).•

오후에는 쥐가 뿔에 다 들어간 느낌.

11월 21일

화두가 더욱 미세해짐. 개안작업. 약 한 달 반 정도 만에 꿈속에서 화두가 성성하였다.••

- ● '여투수월화'는 삼개정절三箇程節의 수행경지를 설명하는 대목이다. 『몽산법어』에는 이렇게 묘사되어 있다. "움직이거나 고요할 때動靜에 일여一如하고, 자나 깨나 성성惺惺하여 화두가 앞에 나타나되 마치 물에 비친 달빛과 같아 여울물결 가운데 있어 활발발하여, 만져도 흩어지지 않으며 헤쳐도 잃지 아니한 때, 중심이 고요하여 흔들리지 아니하며 밖으로 흔들어도 움직이지 아니하리라. 이것이 세번째 정절程節이니 의단을 타파하여 정안(正眼: 바른 안목)이 열릴 때가 가까우리라."
- ●● 꿈 속에서도 화두가 성성한 공부의 경지는 '몽중일여夢中一如'의 단계로 볼 수 있다. 성철 스님은 『선문정로』에서, 행주좌와 어묵동정에 하나로 이어지고(動靜一如) 더 나아가서 꿈에도 화두가 하나로 이어지며(夢中一如) 나중에는 깊은 잠 속에서도 화두가 하나로 이어지면(熟眠一如) 안팎으로 아주 밝아져서(內外明徹) 마침내 확철대오하게 된다고 밝혔다. 그리고 이렇게 해서 깨달아야 돈오돈수頓悟頓修라고 해서 문득 깨달아(돈오) 더 이상 닦을 것도 없는 경지(돈수)가 되는 것이지, 이러한 단계를 거치지 않고 중간에서 깨달은 것은 단지 지해(知解: 알음알이)로서만 아는 해오解悟라고 주장했다. 즉 확철대오하여 깨닫는 것이 증오證悟라는 말이다.

11월 22일

또 삭발, 목욕하는 날이다. 오전 정진이 끝나고 점심 공양 후 목욕을 하면서도 매우 조심스레 화두가 보이는지, 들리는지 관찰하면서 화두를 들려고 성의를 다하였다. 오늘도 역시 개안작업이 계속 되었고, 화두가 막다른 곳에 이르렀나 싶다가도 다시 미세하게 시작되곤 한다.

11월 23일

"오늘 정진은 어떠했나?"

"어제 보다도 더 깊이 미세하게 들어간 것 같습니다. 특히 오후에는 바로 장벽●에 부딪치는 것 같고 개안작업도 점점 빨라지는 것 같습니다."

11월 24일

새벽녘 꿈에 포수가 총을 쏘는데, 소리가 매우 크더니 목표물을 명중시켰다. 총의 개머리판만 남고 총구는 산산조각이 나고 개머리판에 연지(蓮池 : 연못)라고 쓰여 있는 것을 내가 중국식 발음으로 읽었다.

개안작업이 매우 빠르게 이루어지고 있으며, 눈이 점점 맑고 밝아진

● 마음이 장벽과 같은 '심여장벽心如牆壁'의 경지에 대해 고봉 스님은 『선요』에서 이렇게 밝히고 있다. "한 털끝 위에서 늠름하고 우뚝한 자세로 동요하지 않고 오고감이 없으며 한 생각도 일으키지 않아 앞뒤의 모든 시제時際가 끊어지면, 이것으로 번뇌가 몰록 쉬어지고 혼침과 산란이 없어진다. 다녀도 다니는 줄 알지 못하고 더워도 더운 줄 알지 못하며, 차 마셔도 차 마신 줄 알지 못하고 밥 먹어도 밥 먹는 줄을 알지 못하여 온종일 어리숙한 것이, 마치 진흙으로 만든 인형이나 나무로 깎아 만든 조각 같으니, 그러므로 '장벽과 다름이 없다'라고 한 것이다."

다. 화두가 벽에 부딪친 듯, 아니면 뭔가 서로 만난 듯 하다.

11월 25일

오후 4시쯤 화두가 진퇴양난進退兩難이다. 6시부터 다시 힘차게 들린다. 고봉 스님께서 말씀하시길 "이것을 꽉 움켜쥐고서 단지 깨달을 시각만 기다릴 뿐이다. 또 이런 말을 듣고서 한 생각이라도 정진할 마음을 내어 구하지 말 것이며, 또 어떤 경계를 가지려는 마음으로 기다리지 말 것이며, 또 한 생각도 놓치지 말 것이며, 또 한 생각이라도 버리려 하지 말아야 할 것이다. 모름지기 바로 정념正念을 굳게 지켜서 깨달음으로 원칙을 삼아야 한다." 고 했다.

11월 26일

화두가 벽에 부딪친 듯 하더니, 더욱 힘이 붙어 힘차게 뚫고 들어가는 듯하다.

11월 27일

화두는 자연 계속 반복되지만, 더욱 미세해졌다. 아주 긴 껍질 같은 것을 벗겨내다.

오후 5시~밤 10시 이후 막아놓은 물을 터놓은 듯 뭔가가 쏟아져 내린 느낌이다.

11월 28일

화두가 힘을 얻기 시작.

11월 29일

쥐가 뿔 속으로 아주 깊이 들어간다. 극미세極微細. 심식深識을 뚫는 것 같다. 사실 근기가 약한 사람은 미쳐버리지 않을 자가 없을 것이다. 이제사 부석사 동안거 정진 때의 꿈이 생각난다.

11월 30일

저녁 10시 이후 늙은 쥐가 소뿔 끝에 이른 것처럼 화두가 진퇴양난進退兩難이다.

12월 1일

오전 10시를 전후해 쥐의 움직임은 거의 끝나고 봉안奉安 작업을 하여 움직이지 않음. 오후에 다시 거꾸로 시작됨.

점심 공양 시간에 선원장 스님께 '쥐가 소뿔 끝자락까지 갔습니다. 한 번 봐 주십시오.' 란 글을 올렸다.

오후 2시경 반복되는 작업을 마치고 다시 화두 참구 시작.

가도 가는 줄 모르고, 차를 마셔도 마시는 줄 모르는 경계.

12월 2일

오후 5시 또다시 둑을 터뜨린 듯 쏴아한 상태가 몇 시간 지속된다. 며칠 전부터 심장 박동이 불규칙하다.

12월 3일

오후 5시 이후 괜히 가슴이 두근거렸다.

화두는 활발발. 사면초가四面楚歌이다. 여섯 명의 도적*들이 허술한 집에 숨는데, 그 꼴이 매우 우습다. 낮에 바가지를 깨어 던져버렸다.

12월 4일

마음이 장벽과 같다(心如墻壁).** 입도(入道 : 도의 세계에 들어가다). 대부분의 수행자들이 여기서 속을 수 있을 것 같다는 느낌이 들었다.

---

* 여섯 명의 도적(六賊)은 『달마 관심론』에 출전이 보인다. 달마 대사는 6적을 이렇게 설명했다. "이러한 삼독(三毒 : 탐욕, 성냄, 어리석음)은 하나인 본체에서 스스로 삼독이 되었거니와, 만일 육근六根에 맞추어 나타나면 6적六賊이라고도 하나, 이 6적이라 하는 것은 곧 6식六識이다. 이 6식이 눈 귀 코 혀 몸 뜻의 모든 뿌리로 출입하여 온갖 것에 물들어 자연히 악업을 일으켜 진여의 바탕을 장애한 까닭에 6적이라 하느니라. 일체 중생은 이 삼독과 6적이 몸과 마음을 어지럽힘으로 인하여 생사에 빠지면 6취六趣에 윤회함으로 모든 고통을 받는 것이, 마치 큰 강이 쉬지 않고 흐르는 작은 샘으로 인하여 마침내 넘쳐 흘러 파도가 만리에 출렁이는 것 같느니라."

** 달마 대사는 2조 혜가 스님의 "스님 어떻게 공부를 지어 나가야 되겠습니까?"라는 질문에 "밖으로 모든 반연을 쉬고 안으로는 헐떡이는 마음이 없어서 마음이 장벽과 같아야 도에 들어갈 수 있다"(外息諸緣 內心無喘 心如墻壁 可以入道)고 했다. 이날 주인공 스님은 마음이 장벽과 같은 '심여장벽心如墻壁'의 경지에 이른 것으로 보인다.

12월 5일

새벽 5시경 목조각* 완성 및 눈을 틔움.

오전 9시, 바가지를 부셔버리다.

12월 6일

꿈에 부채를 얻다.

체로금풍(體露金風 : 가을 바람에 전체가 드러난다).** 점안(點眼 : 불상의 눈을 뜨게 하다).

오전 11시, 그렇게 많이 떠 있던 구름이 자취를 감춘다. 그리고 한 줄기 바람이 지나간다. 번뇌, 애욕, 탐욕의 물길을 건넌 것 같다. 그러나 아직 끝이 아니다. 이것은 확철대오(廓徹大悟 : 철저하게 크게 깨달음) 이전이다.

점심 공양 후 구름떼가 다시 몰려오고 한 줄기 바람이 지나간다. 또다시 검은 구름떼가 사방에서 몰려든다. 온몸이 춥다. 살이 돋기 시작한다.

오후 3시경, 구름은 남쪽 바다로 빠지고 뜰 앞의 동백은 옛을 의지해 여전히 푸르구나. 두렵구나, 지난 43년의 세월. 오늘 한 번 크게 헛웃음을 짓노라! 모든 불·보살님과 유정(有情 : 생명체), 무정(無情 : 무생물) 들에게 향을 사르고 예를 올립니다.

선원장 스님과의 면담이 이루어 졌다. 일러라, 오직 모를 뿐입니다. 야, 이놈아. 그것은 초보자도 하는 말이다. 죽어도 이 뭣꼬 입니다. 죽어도 모를 뿐입니다. 선원장 스님께서 부정하신 말을 인정하고 흥분을 가라앉히고는 화두 타파 될 때까지 용맹정진하기로 결심 하였다.

12월 7일

꿈같은 일이 벌어졌다. 혼자 한바탕 웃음을 크게 지어보았다.

12월 8일

새벽녘 한숨 자고 일어나니, 그게 한바탕 꿈인가 싶더라만, 뭔가 아직 의심이 남았다.

- '나무로 깍아 만든 조각(木雕)'을 완성해 눈을 뜬 경지에 대해 『선요』에서는 다음과 같이 설하고 있다. "차 마셔도 차 마신 줄 알지 못하고, 밥 먹어도 밥 먹은 줄 알지 못하며, 다녀도 다니는 줄 알지 못하고, 앉아도 앉은 줄을 알지 못하며, 정식情識이 단숨에 깨끗하여 계교(計較 : 비교하고 헤아림)를 모두 잊음에 흡사 숨만 남은 송장과도 같으며, 또 진흙으로 만든 인형이나 나무로 깍아 만든 조각과도 같다."
- 체로금풍體露金風은 번뇌·망상의 소멸을 나뭇잎을 쓸어내는 가을 바람에 비유한 것으로 가을 바람에 불법佛法의 전체가 완연히 드러남을 상징한다. 『벽암록』에는 다음과 같은 공안이 나온다. 한 수좌가 운문 선사에게 물었다.
"나무가 시들고 낙엽이 떨어질 때는 어떠합니까?"
운문 선사가 답했다.
"가을 바람에 전체가 드러난다(體露金風)."
선승의 질문은 스승의 역량을 시험하는 것으로, 자연의 사물을 빌려 선의 핵심에 관해 물은 것이다. 선승은 번뇌·망상을 늦가을 나뭇가지와 잎에 비유해, 스스로 번뇌·망상의 티끌을 없애서 맑은 심경으로 변했다고 자부하고 있다. 이에 대해 운문 선사 역시 그 수좌와 마찬가지로 가을의 정경을 빗대어 답하고 있다. 스님이 답한 '체로금풍'의 '체로'는 전체로현全體露現을 줄인 말로 완전히 드러나는 것을 말하고, '금풍'은 가을 바람(가을은 五行 중에서 金에 해당)을 말한다. 이 체로금풍은 번뇌·망상의 소멸을 나뭇잎을 쓸어내는 가을 바람에 비유해 일체를 놓아버린, 맑은 바람이 오고 가는 깨달음의 경지를 드러내고 있다.

제3부
한국의
무문관 선원들

도봉산 천축사

천축天竺이란 옛날 중국에서 인도를 가리킨 말이다. 붓다가 무상無上의 깨달음을 얻어 불교를 창시한 땅이요, 불심종佛心宗을 전하기 위해 중국에 온 달마 대사의 모국이기도 하다. 서울 지하철 1호선 도봉산역에서 내려 1시간 가량 북한산국립공원 내의 가파른 도봉산 길을 따라 오르다 보면 '천축' 으로 가는 길이 보인다. 인수봉 못지않은 미륵봉 기암 아래 천축사란 절이 보금자리를 틀고 있다.

673년에 의상義湘 대사가 수도하면서 현재의 자리에 옥천암玉泉庵이라는 암자를 세웠고, 고려 명종 때 영국사寧國寺가 들어섰다. 1398년 조선 태조가 이곳에서 백일기도를 드렸다 하여 절을 새롭게 고치고 천축사라고 이름을 바꾸었다고 한다. 1474년 왕명으로 중창하였고, 조선 명종 때 문정왕후文貞王后가 화류용상樺榴龍床을 절에 바치고 불당 안에 불상을 모시는 불좌佛座를 조성했다. 그 뒤 여러 번 절을 다시 고쳐 지었으며,

북한산의 많고 많은 절 중에 천축사가 가장 '천축'의 정신을 닮았다고 여겨지는 까닭은 무엇일까. 아마도 천축사에서 선종의 무문관 수행이 공식적으로 시작되었기 때문이 아닐까.

한국의 무문관 선원들 • 173

현재는 대웅전, 원통전, 복운각, 산신각, 요사채 등의 건물이 남아 있다. 맑고 깨끗한 석간수가 유명하고 백년 묵은 보리수나무가 샘물 위쪽에 살아 있다.

그런데, 북한산의 많고 많은 절 중에 천축사가 가장 '천축'의 정신을 닮았다고 여겨지는 까닭은 무엇일까. 아마도 천축사에서 선종의 무문관 수행이 공식적으로 시작되었기 때문이 아닐까.

긴 돌계단을 올라가 천축사 일주문을 들어서면 도봉산 기암괴석을 배경으로 웅장하게 들어선 대웅전 등의 전각이 한 눈에 들어온다. 이 곳을 지나 오른쪽 산 모퉁이로 접어들면 외진 곳에 벽돌로 지은 3층 건물이 나온다. 건평 84평 규모의 이 건물이 바로 한국 선종 최고의 고행정진이 펼쳐졌던 천축사 무문관이다. 무문관 입구에는 커다란 대문 위에 한자로 쓴 '무문관無門關'이란 현판 글씨가 선명하다. 대문 오른쪽 벽에는 '무문관 건립 시주 공덕비'가 붙어 있다.

아직도 커다란 자물쇠가 달려 있는 무문관의 대문을 열고 들어가면 선방이 나온다. 큰방은 언제부터인가 시민선원으로 개방되었으며, 작은 방들은 스님들의 개인 처소나 선방으로 쓰이고 있다. 하지만 무문관 곳곳에는 아직도 40년 전의 서릿발 같은 용맹정진의 흔적이 남아있다. 두꺼운 건물 벽돌과 방문들, 퇴색한 선방의 탱화 등이 아직도 당시 수행자들의 고행을 떠올리게 한다. 그 옛날 치열하게 정진하던 무문관 수행자들은 이제 이곳을 떠났지만, 잠시도 묵언默言할 수 밖에 없는 무거운 침묵의 공간이란 사실은 지금도 변함이 없다.

　무문관은 밥이 드나드는 구멍 외엔 출입문까지 봉쇄한 선방이다. 사방이 꽉 막힌 방에서 수행자가 견성(깨달음)해 굳게 잠긴 자물쇠를 열고 나와 세상을 활보하는 대자유를 얻을 때까지 나오지 않겠다고 스스로 들어간 감옥인 셈이다. 원래 천축사의 건물 이름이었던 '무문관'이 하나의 보통명사로 자리잡게 된 것은 1964년 천축사에서 정영 스님이 '무문관'이라는 참선수행도량을 세우면서부터다. 부처님의 6년 설산 고행을 본받아 65년부터 79년까지 매회 6년간 현대의 고승들이 밖에서 문을 자물쇠로 걸고 면벽 수행해 용맹정진 도량의 대명사가 된 것이다. 천축사 무문관은 79년 원공 스님을 마지막 수행자로 문을 닫았지만, 창건주인 정영 스님이 93년 계룡산 대자암에서 다시 명맥을 이어갔다.

　천축사 무문관은 정영 스님이 떠난 이후 그 명성이 퇴색했지만, 공식적인 첫 무문관이었다는 역사적인 의미를 지니고 있다. 1964년 천축사 주지 정영 스님은 당시 어수선한 시절에 수행처가 부족한 상황에서 선객들의 전문 참선도량을 만들어 달라는 요청을 듣고 무문관의 필요성을 절감, 처음으로 천축사에 공식적인 무문관을 개설했다. 정영 스님은 부족한 재원과 부지를 마련하기 위해 동분서주했지만, 인재불사人材佛事라는 사명감으로 결국 무문관 건립을 성공하게 된다.

　'대한불교'(불교신문 전신) 1966년 1월 2일자 기사에 의하면, 1965년 12월 27일 낙성된 천축사 무문관은 "부처님의 6년 고행을 본받아 6년 동안 면벽 정진할 수 있는 올바른 수도원을 세우고, 위대한 본분납자本分衲子를 배출해 교계 뿐 아니라 우리나라의 정신문화를 개발해야 된다."는 정영 스님의 원력의 산물이었다. 2년여에 걸친 공사와 당시 370여 만 원이라는 거금을 들여 건립한 무문관에는 관촉사의 제선 스님, 김용사의 홍근 스님, 수위를 자처한 관촉사의 혜원 스님 등 6년 정진 입방자入房者 3명, 백일정진 끝에 입방이 허락된 직지사 관응 스님 등 19명이 들어갔다고 기록되어 있다.

한참 정진 중이던 68년 2월 27일, 당시 총무원장 경산 스님이 종단 일을 중단하고 무문관에 들어가는 보기 드문 일이 벌어졌을 정도로 무문관의 위상은 대단한 것이었다. 같은 해 4월 12일엔 당대의 선지식으로 꼽히던 인천 용화사 전강 스님이 무문관 조실로 취임했다. 6년 뒤인 72년 4월 28일 관응, 석영, 현구 스님과 4년 정진을 마친 지효, 경산 스님이 무문관 결제를 회향했다. 같은 해 11월 16일에는 성운, 무불, 법경, 일원, 상현 스님 등이 제2차 결제에 들어갔으며, 이 가운데

무문관 대문

무불 스님과 원공 스님이 78년 11월 10일 6년간 정진을 마치고 회향했다. 당시로서는 무문관 수행이 조계종의 승풍을 진작하는데 큰 일조를 했다. 비록 6년 결제를 무사히 통과한 스님들은 많지 않지만, 그만큼 어려운 수행을 통해 선풍禪風을 진작시키려 한 스님들의 본래 의도는 성과를 이루었다. 무문관 수행이 처음 시작되다 보니 적지 않은 시행착오를 겪었지만, 그것이 더욱 무문관의 명성을 높이는데 일조를 한 측면도 있다. 예를 들면, 독방에서 많은 시간을 보내는 수행자들이 병이 나는 등의 이유로 중도에 탈락하는 경우가 적지 않았다. 몸과 마음이 안정을 얻지 못하고 용기만 앞세워 무문관 수행에 나섰다가는 몸과 마음이 모두 황폐해지는 무서운 결과를 낳기도 했다. 상당한 참선기간을 통해 득력得力한 상태가 아니면 들어가서는 안 되는 곳이 무문관이었던 것이다.

'대한불교' 1978년 11월 20일자에 게재된 인터뷰 기사는 무문관 수행의 어려움을 연상할 수 있는 기록이다. 78년 천축사 무문관에서 나온 무불 스님은 '햇살에 잠시 눈을 뜨지 못하고' "부처님도 6년간 고행

무문관 대중선방

하지 않았습니까. 자고 나면 '오늘이 시작이구나' 여기며 세월을 생각하지 않고, 밥 먹고 잠자는 시간 이외에는 면벽참선했다."는 말을 남기고 있다. 6년 간의 기간이 지나치게 길다고 여겨진 탓인지, 요즘의 무문관은 1년씩 기한을 정하고 본인이 원할 경우 계속 이어서 3~4년을 더 수행할 수 있도록 하고 있다.

매회 6년 기한의 결제에 들어간 천축사 무문관은 78년까지 보문, 관응, 구암, 제선, 현구, 지효, 경산, 도천, 관묵, 천장, 도영, 석영, 무불, 원공 스님 등 당대의 선지식들을 포함한 100여명의 수좌들이 방부를 들였지만, 기한을 제대로 채운 스님은 손가락에 꼽을 정도다. 그만큼 무문관 결제는 초인적인 의지와 발심, 심신의 건강이 갖춰지지 않는 한 어려운 고행이란 반증이기도 하다.

이제 천축사 무문관은 사중 스님들의 요사와 재가자들의 시민선방으로 개방되고 있다. 한국 최초의 공식 무문관이 세월의 흐름과 함께 잊혀지기 전에, 당시의 취지에 걸맞는 세심한 보호·관리를 통해 용맹정진의 현장으로 거듭났으면 하는 바람이다.

천축사 무문관을 나온 고승들

천축사 무문관에서 정진한 스님과 외호한 스님들 가운데는 한국 현대 불교사의 중심인물들이 대거 망라되어 있다. 비록 100여 명의 고승들이 6년 기한을 모두 채우지는 않았지만, 1년에서 4년씩 정진하면서 조계종의 승풍을 진작하는데 힘을 보탰다. 용화사의 전강 스님과 백양사의 서옹 스님은 깨달음을 얻은 선지식으로서 수행자들의 정신적인 지주가 되어 주었고, 정영 스님을 비롯한 외호대중들은 무문관 수행자들을 보살피기 위해 헌신적으로 불사에 매진했다. 무문관 수행을 회향하고 밖으로 나와 전법도생傳法度生의 길을 걸은 스님들이 적지 않지만, 이 가운데 몇몇 고승들은 무문관 수행 당시의 용맹정진에 걸맞는 꾸준한 정진과 탁월한 포교로 더욱 빛을 발하고 있다.

천축사 무문관에선 1차로 66~71년, 2차로 72~77년에 6년 결사結社가 있었다. 1차 때는 관응 스님과 제선 스님이, 2차 때는 구암 스님과 원공 스님이 6년 기한을 채웠다. 이밖에 지효, 도천, 경산 스님 등 고승들이 4년 이하의 무문관 수행을 마친 후 무문관 밖에서도 치열한 정진과 전법의 일생으로 수행자들의 귀감이 되었다.

관응 스님

천축사 6년 면벽수행을 1차로 마친 관응(1910~2004) 스님은 당대 최고의 강백이자 선승으로서 동화사 금당선원 조실, 직지사 천불선원 조실로 후학들을 제접하다 2004년 세수 94세, 법랍 75세로 입적했다. 선禪과 교 敎를 겸비한 스님은 근대 한국불교 유식학의 기원을 연 대강백大講伯이었다.

1910년 경북 상주에서 태어난 스님은 29년 상주 남장사에서 탄옹 스님을 은사로 출가했다. 용주사, 직지사, 조계사 주지를 지냈으며 1994년 조계종 명예원로로 추대되었다. 지난 56년 직지사 조실을 맡은 이래 50년 가까이 직지사의 큰어른으로 주석해왔다. 65년 도봉산 천축사 무문관에서 6년 결사를 마친 스님은 선교쌍수禪敎雙修의 전형을 보여준 수행자였다. 평소 "부처님의 가르침이 둘일 수 없듯이 참선과 간경看經은 본디 하나"라며 후학들에게 선과 교를 겸비할 것을 강조했다.

제선 스님

관응 스님과 나란히 무문관 6년 결사를 회향한 제선濟禪 스님은 무문관 선승들 사이에서도 가장 철두철미하게 수행했던 수좌로 알려졌다. 스님에 대해서는 은사와 출가동기 정도 외에는 거의 알려진 바가 없다. 은사인 윤포광尹包光 스님이 제주도에서 참선하러 왔다고 하여 '제선'이라는 법명을 주었다고 한다. 출가 전에 42일간의 '관세음보살 정근' 기도를 통해 인과의 법칙을 깨닫고 해인사 백련암으로 출가했다고 한다. 그러나 64년 천축사에서 6년 동안 면벽수행을 한 후 흔적을 남기지 않고 사라져 지금까지 아무도 행방을 모른다. 무문관 6년 정진을 마친 제선 스님은 마중 온 제자와 함께 부산까지 간 뒤 혼자서 배를 탔다고 한다. 누군가는 평상복을 입고 서울의 한 판자촌에 숨어 수행한다고 하고, 누군가는 남해의 외딴 섬에 산다고도 했다. 소문의 진상이 어떻든 간에 제선 스님은 무문관 수행 후 깨달음의 빛을 숨기고 세상 속으로 들어가 화광동진和光同塵의 삶을 산 것이 틀림없다.

구암 스님

천축사 무문관 2차 6년 결사를 마친 구암(1918~2002) 스님은 2002년 10월 13일 세수 84세로 입적했다. 구암 스님은 60년 효봉 스님을 은사로 출가했다. 해인사, 동화사, 통도사 제방선원에서 정진했으며, 무문관을 나온 후에는 경기도 하남 광덕사에서 신도들을 제접하였으며 만년에는 송광사에서 조용히 정진하며 일생을 보냈다. 구암 스님은 그에게 사미계를 준 구산 스님에게 6년 무문관 결사를 시작한다고 하자, 구산 스님이 "생사 두 글자를 이마에 붙이고 사생결단하는 정신으로 수행하라."고 격려했다고 한다. 구암 스님은 『현대불교신문』과의 인터뷰에서 당시의 심정을 두고 말하길 "부처가 되겠다는 각오로 들어갔으며, 중간에 나가면 송장이 되어 나가겠다는 생각뿐이었다. 앉으나 서나, 숨을 들이쉬나 내쉬는 동안에도 '이 뭣고?' 화두를 놓치지 말자는 일념이 깃든 곳이었다."고 회고한 바 있다.

지효 스님

용성, 동산, 동헌 스님의 뒤를 이어 범어사의 선수행가풍을 이은 현대의 대표적 강백이자 선승으로 추앙 받는 지효(1909~1989) 스님도 천축사 무문관을 나온 고승 중의 한 분이다. 스님은 수행에 전념하면서도 1950년대 비구·대처간의 분규 등 종단의 중대사가 발생하자 직접 할복割腹을 단행, 온몸으로 나서 종단의 안정을 이끄는데도 공헌했던 인물로 더 잘 알려져 있다.

조계종 총무원 총무부장과 재무부장의 소임을 맡아 종단의 안정에 혼신을 기했던 스님은 종단이 제 모습을 갖춰가자 다시 수행자로 돌아갈 것을 결심하고 천축사 무문관에 들어 6년간 수행에 전념했다. 특히 스님은 무문관을 나온 후 자신의 수행 이외에도 후학들을 양성하는데 더욱 매진했다. 그러면서 스님은 후학들에게 "선이란 불성의 본체에 대한 돈오적頓悟的인 자기 주체화이므로 이론으로 따져서 알려고 하는 것은 참된 선이 아니다."라며 "오직 실천궁행實踐躬行만이 해탈로 나가는 길"이라고 강조했다. 78년 조계종 원로위원으로 선출된 뒤 79년 70을 넘긴 나이지만 동화사, 해인사 등에서 유나를 역임하고 이후 범어사에서 5번이나 주지 소임을 맡는 등 수행과 포교에 있어 누구보다 앞장섰다. 평생을 수행과 종단의 대소사를 위해 몸을 아끼지 않았던 지효 스님은 89년 9월 28일 범어사에서 세수 81세, 법납 47세로 입적했다.

경산 스님

지효 스님과 같이 조계종의 행정 지도자이면서도 무문관 결사에 동참한 스님으로는 경산(1917~1979) 스님이 있다. 63년, 73년, 79년 세 번에 걸쳐 총무원장을 역임한 경산 스님은 천축사 무문관에 들어가 4년간의 면벽수행을 치루고 나온 '무서운 수좌' 가운데 한 사람이었다. 그래서 스님은 총무원장직을 맡고 있으면서도 단 하루의 참선수행을 거른 적이 없었고 수좌로서의 몸가짐을 한 치 한 푼도 흐트러뜨리지 않을 수 있었다. 흔히, 아무리 철저한 수행승이었다 하더라도 한 번 감투를 쓰고 행정승이 되어버리면 세속물이 들게 마련이라고 걱정들을 했으나 경산 스님은 총무원장직을 맡았으면서도 늘 변함없는 수좌의 모습 그대로였다고 제자들은 회고한다. 경산 스님은 1917년 6월 21일 함경북도 북청에서 출생, 36년 금강산 유점사에서 홍수암 스님을 은사로 득도했고 45년 부산 동래 범어사에서 동산 스님을 계사로 보살계와 비구계를 받았다. 스님은 56년 정화불사 운동에 적극 참여했고 62년에는 '재단법인 동국학원'의 이사장을 역임했다. 그 후 세 번에 걸쳐 조계종 총무원장 자리를 맡아 종단의 기틀을 탄탄히 다져놓고, 79년 12월 25일 서울 돈암동 적조암에서 홀연히 열반에 들었다.

도천 스님

현재까지 생존하고 있는 최고령의 천축사 무문관 수행자는 대둔산 태고사 조실 도천 스님이다. 현재 백수를 바라보는 고령인 스님은 대둔산 태고사에서 40년간 두문불출杜門不出하며 '일일부작 일일불식一日不作 日日不食'의 백장청규百丈淸規를 몸소 실천하고 있다. 1910년 평안북도 철산에서 태어난 스님은 19세에 '도를 이루겠다'며 금강산 마하연에서 수월 스님의 제자인 신묵언 스님을 은사로 출가했다. 20여 년간 금강산 마하연과 신계사, 묘향산 유점사, 법왕사 등에서 수행한 스님은 전쟁으로 금강산이 북한의 수중에 들어가자 남한으로 내려왔다. 범어사와 내원암, 칠불암, 해인사 선방을 거쳐 금강산과 산세가 비슷한 대둔산 태고사에 방부를 들이고 공양주 소임을 보았다. 태고사에 빨치산이 들어오자 묵언을 하고 7일 단식을 하다 마지막으로 태고사에서 나왔다. 스님은 '난리통에 죽을 뻔했는데 다시 살게 된 것은 순전히 부처님 덕분이고 그 은혜를 갚는 일이 제대로 도량을 정비하는 것'이라 생각하고, 6·25한국전쟁으로 불에 타 아무것도 없는 태고사로 62년 다시 들어갔다. 그리고 태고사 터에 움막을 하나 짓고 나물죽을 끓여 먹으며 40년도 넘게 두문불출, 지금까지 불사를 계속 해왔다. 스님은 청정한 계행을 지키며 철두철미한 보살행으로 일관하면서 백장청규에 따라 오로지 일만 할 뿐 좀처럼 대중 앞에 나서지 않는 '수월 가풍'을 이어가고 있다.

원공 스님

천축사 무문관의 마지막 수행자인 원공 스님(도봉산 선각원)은 27년간

1년의 절반 이상을 꼬박 '만행'을 하면서도 아직까지 단 한 차례도 차를 타지 않고, 무소유의 삶을 살고 있다. '산에 도라지를 심는 사람들'과 함께 백두대간을 종주하기도 했고, 북한동포 돕기 운동도 벌여 온 스님은 누구의 시중도 받지 않은 채 안빈낙도安貧樂道의 삶을 즐기고 있다. '수행자가 편안하면 방만해지기 쉽다'는 스님은 스스로 방일해질 수 있는 여지를 아예 두지 않기 위해 누구에게도 절을 받지 않고, 설법도 하지 않는다. 부처님 가르침 대로 여법하게 살아가는 모습보다 큰 설법은 없다는 생각에서다. 스님은 요즘도 틈만 나면 자신을 찾는 사람들과 자루를 메고 도봉산의 쓰레기를 줍기 위해 나선다. 그리고 틈만 나면 '걷기수행'(行禪)에 돌입한다. 원공 스님은 걷고 또 걷는 이유를 이렇게 설명한다. "내가 걷기 시작한 것은 70년대 무문관을 나오면서부터야. 막힌 곳에서 한 6년 정도 있다보니 걸어야겠다는 마음이 들었지. 걷는 것은 비운다는 것을 의미하지. 한 곳에 머무르면 집착하는 마음이 생겨. 주지도 하면 더 하고 싶을 거 아니겠어. 한 곳에 있지 않고 다른 곳으로 가면 언제나 초발심으로 공부할 수 있지. 또 걷다 보면 없이 사는 것에 익숙해 지지. 걸을 때는 간소해야 해. 아무리 좋은 거라 해도 짐이 되기 십상이야. 난 처음에 두타행이다 생각하고 한 10년 정도 걸으려 했어. 80년도부터 1,000일간 전국을 누비고 다닌 것을 시작으로 이후 줄곧 한 해 평균 대여섯 달은 걸어 다녔지. 내가 걸었던 거리를 헤아려 보면 우리 나라를 약 27번 정도는 다녔던 것 같아."

계룡산 대자암

"부처님이 설한 가르침 가운데 핵심은 마음(佛語心爲宗). 그 진리로 통하는 입구에는 그러나 문이 없다(無門爲法門). 문이 없는데 어떻게 뚫고 나갈 것인가. 옛 현자가 하는 이런 소릴 듣지 못했는가. '문을 통해 들고나는 것은 잡스런 것들이요. 인연을 통해 얻은 것은 마침내 부서지고 말 것이다.'"

『무문관』

 무문관에 들어가 보지도 않고 이러쿵 저러쿵 추측하는 것은 허공에 글씨를 쓰는 일처럼 공연한 짓 같기도 하다. 사실 남이 무문관을 들어가건 말건, 들어가서 문없는 문을 열건 말건, 생활인들에게는 별 상관없는 이야기다. 남에게서 보고 들은 이야기는 '문을 통해 들고 나는 잡스런 것들'이요, '인연을 통해 얻은 것들'에 불과하기 때문이다. 마치 은행 직

대자암 무문관은 지금은 사라진 천축사에 이어 정영 스님이 직접 만든 곳이다 보니, 실질적으로는 '원조 무문관'에 해당한다. 그렇다 보니 전통적인 엄격함이 어느 무문관 보다 잘 지켜지고 있다.

원들이 하루 종일 세는 돈은 결국 남의 돈일 뿐인 것처럼, 목 마르면 자신이 직접 물을 마셔봐야 한다. 내 몸의 여섯 가지 감각기관을 통해 밖에서 얻은 것이 아닌, 내 안에서 일어난 것이야말로 귀한 것이다. 하지만 그 길에는 문이 없는데 어떻게 열고 들어갈 것인가.

"눈으로 보되 보는 바가 없으니 분별할 것이 없고, 귀로 듣되 듣는 바가 없으니 시비가 끊어졌도다. 분별심과 시비의 마음을 다 놓아 버리니, 다만 마음 부처를 보고 스스로 귀의할 뿐이다."
『부설전』

부설 거사는 보고 듣되 분별·시비심을 몰록 놓아버려야만 마음의 문을 열 수 있다고 했다. 무문관을 찾아가는 길도, 이러 저러한 분별없이 무심코 가는 것이 그래도 낫다. 무엇을 얻겠다거나 건지려고 했다가는 꽉 막힌 무문관 앞에서 더욱 낭패를 당할 테니까.

충남 공주시 계룡면 중장리 12번지, 계룡산 중턱에 위치한 갑사 대자암 大慈庵 무문관. 계룡산국립공원 매표소를 지나 갑사를 거쳐 1시간 가량 더 올라가면 대자암이 나타난다. 울창한 숲속은 등산객들이 비교적 많이 다니지 않는 길이라 더욱 청량한 공기를 내뿜는다. 암자에 들어서면 앞이 확 트이면서 계룡산의 이마가 나타나지만, 등산로에서는 일부러 찾지 않는 이상 암자를 볼 수 없을 정도로 깊숙한 터에 자리 잡고 있다. 산모퉁이를

굽이굽이 돌고 돌아 대자암에 도착하면 고요한 산사에 웅장한 3층 짜리 건물이 눈에 들어온다. 대자암 무문관, 건물 이름은 삼매당三昧堂이다.

 이 안에 무문관 수행자들이 정진하고 있다는 생각이 들면 터벅 터벅 걷기가 미안할 수 밖에 없다. 행여나 발자국 소리가 들릴까 조심조심 걷는다. 삼매당을 지나 종무소를 향하는데, 자그마한 키의 노스님이 시자의 부축을 받으며 걸어온다. 대자암의 조실 정영瀞暎 큰스님이다. 우리나라 최초의 무문관인 천축사 무문관의 창시자이자 대자암 무문관의 창건주이다. 여러 번 큰스님을 뵈러 왔지만, 한 번도 만나 뵌 적이 없었다. 책이나 언론을 통해 바깥으로 알려지는 것을 싫어하시고, 철저한 자기 공부로 일관하는 어른이시기 때문이다. 이번 대자암 참방에 큰스님을 뵌 것은 우연이 아닌 듯 했다. 길 가에 서서 조용한 말로 인사를 올리고 찾아온 용건을 말씀드렸다. 큰스님은 밝은 미소로 고개만 끄덕이시며, 산책을 계속 하신다. 모든 사람을 격의 없이 대하면서 큰 감화를 주는 스님의 법력法力이 대자암 무문관을 유지하는 보이지 않는 힘인 듯 하다. 한 도량 내에 시민선방과 무문관이 공존하는 것을 보면 출가出家와 재가在家를 둘로 보지 않는 큰스님의 평등한 성품을 짐작하고도 남는다.

 삼매당 건물은 1층은 요사, 2층(방 5개)과 3층(방 7개)이 무문관으로 사용되고 있다. 2층에 있는 5개의 방은 10평 크기로 수행 경력이 많은 고참 수좌가 정진하고 있으며, 3층에 있는 7개의 방은 9평 크기로 젊은 수좌들이 참선 중이다. 다른 무문관들처럼 문은 바깥에서 잠겨 있고, 음식은 하루에 한 번만 제공된다. 겉으로 보기에도 중압감을 주는 무문관은 밖에서 자물쇠가 채워져 있다. 공양이 들어가는 급식구만 눈에 띌뿐 묵언과 정진, 깊은 정적이 삼매당을 감싸고 있다. 삼매당은 2005년 동안거 결제를 기점으로 3년 결사에 들어간 상태다. 2층엔 비구니 스님 5분, 3층엔 비구 스님 7분이 정진하고 있다. 폐교를 인수해 만든, 부여에 있는 대자암 제2 무문관에도 15명의 수행자가 정진하고 있다. 이번 무문관 입방자들은 38세 비구부터 68세 비구니까지 평균 법랍 20년차 내외의 비구, 비구니 구참 수좌들이다. 이 가운데 8명은 2002년 시작한 제1차 3년 결사에도 참가했던 이들로, 서울 천축사 무문관의 6년 결사의 전통을 잇고 있는 셈이다.

　대자암 무문관은 지금은 없어진 천축사에 이어 정영 스님이 직접 만든 곳이다 보니, 실질적으로는 '원조 무문관'에 해당한다. 그렇다 보니 전통적인 엄격함이 어느 무문관 보다 잘 지켜지고 있다. 이 곳의 무문관 수좌들은 한 번 입방하면 '이 자리에서 깨치지 못한다면 일어서지 않으리라'는 각오로 오직 화두에만 정진하기 때문에 치열한 수행열기가 도량 곳곳에서 느껴지는 것 같다. 실제로 2005년 4월 대자암에서는 비구 스님 한 분이 무문관에서 정진하던 중 열반했다. 수행자가 가진 모든 것을 내던져 깨달음을 얻겠다는 각오 없이는 쉽게 도전하지 못한다는 것을 보여주는 사례다.

　3년 동안 완전히 외부와 단절되어 교도소의 독방과 같은 생활을 해야만 하는 무문관 안에서는 최소한의 건강을 유지하기 위한 정해진 규칙과 일과가 있다. 스님들은 참선을 하지 않는 시간을 이용해 화장실 사용과 샤워, 삭발, 운동을 해야 한다. 조그만 소리라도 옆방에 방해가 되기 때문이다. 식사는 하루 1번 작은 창문처럼 뚫어 놓은 공양구로 찬합에 밥과 찬, 간단한 국을 안으로 들여 보낸다. 무문관 안에 있는 동안은 당연히 묵언이라 긴요한 용무는 공양 시간에 메모로 주고 받는다.

평소 수행으로 단련된 구참 스님들이라도 갑자기 몸을 가두고 하루 한 번만 식사를 하는 1종식을 시작하면 처음 3개월 가량은 매우 힘들다고 한다. 그러다 차츰 체력을 유지하기 위한 자신만의 방법을 터득해 나가면서 조금씩 정진력이 붙기 시작한다.

무문관 수행자의 공부 점검은 정영 스님이 직접 챙긴다. 결사가 중반을 지날 무렵이면 각방으로 대학노트 1권이 들어갔다. 수시로 A4용지도 들어간다. 정영 스님은 각자 자신의 공부가 어디쯤인지를 적어내게 한다. 각자가 겪고 있는 공부 경계의 정도를 가늠하고 길을 안내하는 것이다. 무문관에서는 혼자서 공부하다 보니 자신의 체험이 과연 바른 길인지, 삿된 길인지 판단하기 어렵기 때문이다. 자칫하면 좋고 나쁜 경계에 빠져 힘들게 쌓아온 공든 탑을 일거에 허물 수 있기에, 선지식의 지도는 절대적이라고 할 수 있다. 무문관 수행자의 어려움과 특성을 누구보다 잘 아는 조실스님이 직접 일일이 점검을 하는 것은 대자암 무문관의 가장 큰 장점이기도 하다.

대자암 시방당

　대자암에 선원이 들어선 것은 1979년. 천축사 무문관이 문을 닫게 되었지만 마음놓고 공부할 수 있는 참선도량을 찾는 선객들은 여전히 줄어들지 않았다. 그들은 정영 스님에게 제 2의 무문관을 건립해 줄 것을 줄기차게 부탁한 터라, 정영 스님은 새로운 도량을 찾고 있었다. 마침 정영 스님이 폐허화 된 대자암에 들어가 무문관에 앞서 선원을 건립한 것이 대자암 무문관 건립의 시금석이 되었다.

　정영 스님은 스님들을 위한 선방에 이어 83년, 선의 대중화를 위해 재가자들이 하안거·동안거 3개월 동안 정진할 수 있는 시방당十方堂을 건립했다. 재가 수행자들이 집중적으로 공부하고 싶어도 장소가 없던 차에 큰스님이 재가자 전문참선도량을 만든 것이다. 대자암이 스님들은 물론 일반인들에게도 주목을 받게 된 것은 이때부터다. 출가자와 재가자를 엄격하게 구별 지어온 것이 은연중 전통이 되어온 우리 불교의 현실 속에서 이들이 한 공간 내에서 깨달음이라는 공동 목표를 향해 함께 나아갈 수 있게 된 것은 주목을 끌기에 충분한 사건이었다. 무문관을 통한 선의 정예화와 시민선방을 통한 선의 대중화라는 두가지 목적이 서로 꼬리를 물고 있는 형국이라고나 할까. 스님들과 똑같이 안거 기간동안 참선에 들어가는 시민선방의 활성화는 93년에 무문관을 건립하는 데 가장 큰 힘이 되었다. 재가자들의 물질적, 정신적인 지지는 계룡산에 폐문정진閉門精進하는 무문관의 전통을 되살리는데 결정적인 역할을 하게 된다.

  무문관으로 개설된 삼매당에서 수좌스님들이 목숨을 걸고 정진하는 열기는 시민선방의 재가 선객들에게 늘 신선한 자극이 되고 있다. 재가자와 출가자가 서로 공부의 자극제가 되고 힘을 주는 수레의 두 바퀴 역할을 하고 있는 셈이다. 그래서인지, 대자암 시민선원은 늘 수행자들의 정진열기로 충만해 있다. 평상시 안거 기간 동안 시민선방에 든 재가자들은 정원 30명을 초과할 정도로 입방열기가 높다. 이곳 시민선방이 일반 시민선방들과 다른 점은, 일반 시민선방의 재가자들이 세속의 일을 하며 참선을 하는데 반해 이곳의 재가자들은 안거기간 동안 숙식을 선원에서 해결하며 일반 선원의 스님들과 큰 차이 없는 일과표로 참선을 한다는 점이다. 시방당이란 선방에 모여 참선에 몰입하는 재가 수행자 가운데는 국어 어원 연구에 큰 업적을 남긴 국어학자 이남덕 전 이화여대 교수가 눈에 띈다. 그녀는 정년퇴직 후 줄곧 대자암 선방에서 참선해 왔으며, 이곳에서의 체험을 글로 옮겨 『여든 살의 연꽃 한 송이』 등 두 권의 수필집으로 묶어낼 정도로 나이를 초월한 구도에의 열정을 보여주었다.

대자암 조실 정영 스님은 시민선방의 재가자를 지도하는 한편, 어려운 절 살림에도 무문관 수행자를 정성껏 점검하며 외호外護하고 있다. 3년 간의 폐문정진을 통해 '하늘과 사람의 스승(人天師)'이 몇 명이나 탄생할 수 있을지, 정영 스님이 무문관 수행자들을 위해 손수 쓴 축원문이 그 간절한 염원을 웅변하고 있었다.

"원을 세워 바라옵건대 충청남도 대자암 3년 결사 무문관 입관하는 스님, 못 하는 스님 모두에게 부처님의 가피를 청하옵니다. 결사에 임하는 수좌들은 마장魔障이 사라지고 공부가 순일하여 확철대오하고 모든 신통력 갖추어 중생제도 할 수 있기를 바라옵니다."

무문관의 창시자 대자암 조실 정영 스님

"나는 1차 정화불사운동을 마감한 직후, 한국불교의 지도자가 태부족이라는 것을 절감하고 도봉산 천축사에다 '무문관'이라는 선원을 개원했습니다. 부처님의 6년 고행을 기념하여 누구든 무문관에 입방을 하면 6년 간 선불교의 좌선속에 수행을 해야 했습니다. 65년부터 무문관을 개원하여 수행자들이 고행속에 깨달음을 위한 고행이 시작되었는데, 당시 수행한 분들 몇 분만 거명한다면, 관응, 경산, 지효, 홍근, 제선 스님 등 고덕高德 들과 이어 도원, 구암, 원공 등 고덕들이 깨달음을 얻어 선불교를 진흥시켰 다고 생각합니다. 이 시대의 조계종의 장래를 걱정하는 우리는 닭벼슬만도 못한 종권에 연연하지 말고 '초발심'을 회복하여 무문관에서 공부하였으 면 합니다."

도봉산 천축사와 계룡산 대자암 무문관을 잇달아 창건한 정영 스님의 수행관을 밝힌 말이다. 1954년 이승만 대통령의 정화 유시 이후 불교정 화운동이 본격적으로 시작되었는데, 정영 스님은 선방을 다니다가 정화 운동에 동참했다. 정화운동 이후 조계종 종단행정에 관여하기도 했지만 늘 머리 속으로는 선방에 가야지 하는 일념이 가득했다. 조계종 행정의 중앙에서 활동하면서 문을 폐관閉關하고 오로지 참선수행만 하는 도량의 필요성을 느끼고 있던 차에 정영 스님은 여러 선객 스님들의 참선도량을 만들어 달라는 요청에 천축사 무문관 건립에 착수하게 됐다. 무문관은 처음 지리산의 영은암 자리에 설립하려 했는데, 대처승이 권리를 주장하 는 바람에 뜻을 이루지 못했다. 해인사 백련암과도 인연이 맞지 않아, 어 쩔 수 없이 스님이 주지를 맡고 있었던 천축사에 개설하여 12년 동안 무 문관 선원을 운영했던 것이다. 무문관에서는 밖에서 문을 잠그고, 밥만 넣어주면서 일체의 외부와 접하지 않고 오로지 수행에만 몰두하게 된다. 그렇다면 정영 스님은 꼭 그렇게 고행을 해야만 깨달음을 이룰 수 있다고 생각한 것일까. 부처님께서는 6년간의 설산雪山 고행이 수행의 필요충분조건이 아님을 알고 비고비락(非苦非樂 : 고통도 쾌락도 아닌)의 중도中道의 수행을 통해 깨달음을 얻었다. 마치 거문고는 탱탱하지도 느슨하지도 않게 적당히 줄을 당겨야 맑고 청아한 소리가 나는 것처럼 말이다. 자칫하면 고행주의로 비쳐질 수 있는 무문관 수행에 대해 그 창시자였던 정영 스님은 과연 어떤 생각을 갖고 있었을까. 정영 스님은 1995년 월간 『불광』과의 인터뷰에서 당신의 소신 역시 부처님의 중도수행을 따르고 있음을 다음과 같이 밝히고 있다.

 "근기가 높고 평소 참선을 열심히 해서 공부가 깊은 이들은 번잡한 세상사 속에서도 화두가 여여如如하게 잡히고 언제 어느 때나 깨어 있을 수 있습니다. 하지만 대부분의 경우에는 그렇지가 못합니다. 일상 생활 속에서 경계를 대할 때마다 시시각각으로 이는 파도에 휩싸여 공부의 진전을 보기가 어렵기 때문에 고요한 곳에서 수행을 하는 것입니다. 흙탕물을 가라앉혀 맑은 물로 바닥까지 볼 수 있기 위해서 흐르는 물을 차단하지 않습니까. 우리 나라 근세의 도인들도 대부분 도를 이루기 전에는 폐쇄된 곳에서 오로지 일심으로 정진만 했습니다. 경허 스님도 그러셨고, 효봉 스님도 금강산 토굴에서 1년 6개월 만에 화두를 타파하고 스스로 토굴을 깨뜨리고 나온 이야기는 잘 아실 겁니다. 성철 스님은 도량에 철망을 쳐놓고 공부하셨지요. 견성하기 전에는 고요한 곳, 번잡한 곳에 대한 분별이 있고 곳에 따라 공부가 잘 되기도 하고 잘 안 되기도 하는데, 견성하고 나서는 일체의 분별이 없어지고 그야말로 대자유인이 되는 것입니다."

1923년 경남 창원에서 태어난 스님은 어린 시절을 일본에서 보냈다. 대학 재학시절 우연히 『금강경』을 접하게 되었고, 밤새도록 『금강경』을 읽고 난 후 '도道'가 있다는 확신 속에 승려가 되기 위해 구도의 길에 나섰다. 금강산 마하연 선원, 유점사, 지리산을 거쳐 해인사에 이르러 비로서 전생에 인연있는 스승 '윤포산' 대선사를 상봉하여 42년 삭발 출가하였고, 상월 스님을 은사로 비구계를 수지했다. 이후 해인사, 칠불암, 대성사, 미래사, 보문사, 등 제방 선원에서 수 십 안거를 지냈으며, 조계종 총무원 교무부장과 재무부장, 천축사, 봉은사, 망월사 주지 등을 역임했다. 64년 우리나라 처음으로 무문관을 개설했으며, 조계종 원로의원으로서 대자암에서 주석하며 무문관 수행을 지도하고 있다.

평생 무문관 수행자들을 외호하면서도 당신의 정진을 한 시도 소홀히 하지 않은 정영 스님은 세간에 모습을 드러내고 있지 않지만, 누군가에게 다음과 같은 게송을 적어 준 적이 있다.

뜰앞에 달은 있으나 소나무는 그림자가 없는데　　庭前有月 松無影
난간밖에 바람은 없으나 대나무는 소리가 있구나.　欄外無風 竹有聲

제주 남국선원

"치열한 무문관 선방도 새소리와 꽃향기는 막을 수 없나보다. 새소리를 들으며, 혹은 꽃향기를 맡으며 가는 세월을 짐작한다고 하니 말이다. 머슴새가 삐이삐이 울면 1월이고, 밀화부리와 꾀꼬리가 울면 5월이란다. 목련꽃은 4월에, 찔레꽃은 5월에 향기를 보낸다. 무문관 독방에 '갇혀' 있다 보면 무엇보다도 사람이 가장 그리우리라."

- 『나를 찾는 암자여행』 중에서 -

제주 서귀포 한라산 중턱에 자리잡은 남국선원은 선불장(選佛場 : 부처 뽑는 과거 시험장)의 엄숙함과 남국의 아름다움을 함께 간직한 비경을 뽐내고 있어서 무문관 수행자들에게도 인기가 높다. 외진 곳에 위치한 무문관 선방과 경내에 자리 잡은 시민선방이 함께 운영되고 있지만 무문관 수행처의 엄격한 수행기풍은 다른 무문관과 마찬가지이다.

ⓒ 법보신문

제주 서귀포 한라산 중턱에 자리잡은 남국선원은 선불장의 엄숙함과 남국의 아름다움을 함께 간직한 비경을 뽐내고 있어서 무문관 수행자들에게도 인기가 높다.

도봉산 천축사와 계룡산 대자암에 이어 1994년 문을 연 무문관은 제주도 남국선원(선원장 혜국 스님)이다. 현재 평균 무문관 입방 스님은 7명, 1년 단위로 방부를 들이는데 본인의 희망에 따라 나오지 않으면 자동적으로 1년씩 기한이 연장된다. 3~4년씩 계속 나오지 않고 정진하는 수행자들이 70%나 되어서 입장 대기자들이 늘 6~7년씩 밀려있다. 수행자의 법랍은 평균 20년 이상으로, 정진력精進力을 검증받지 않고는 입방이 힘들다. 안거 때는 10여명의 재가자들도 시민선방에서 정진한다. 전국선원장회의 의장 겸 충주 석종사 선원장을 맡고 있는 혜국 스님이 직접 이 곳에서 무문관 수행을 해 본 경험을 바탕으로 정성스럽게 수행자들의 공부 뒷바라지를 하고 있다.

　남국선원이 여타 무문관 선원과 확연히 다른 점이 있다면 '무문관 자원봉사단'이 운영되고 있다는 점이다. 50여 명의 '무문관 자원봉사단' 회원들은 93년 선원 건립을 계기로 구성된 이후 매일 5명씩 조를 짜 무문관 수행자를 위한 음식 공양과 백팔배 정근, 참선 등으로 정진하고 있는 재가 수행자들이다.

　"나는 누구인가? 무엇을 하고 있는가? 바른 길로 가로 있는가?"

　선원장 혜국 스님의 가르침에 따라 늘 이런 의문을 품고, 자신의 영혼을 살찌우는 정성으로 스님들의 공양을 차리다 보니 음식의 맛이 없을 리 없다. 봉사단이 차리는 공양은 무문관 수행자 7명과 선방의 수좌 5명, 사중 스님 4명 등 스님 16명과 시민선방 참여대중을 합하면 평균 40여명분이 넘는다.

그러나 봉사자들은 공양물을 만들기만 할뿐, 무문관에 난 창구멍으로 공양물을 전하는 일은 행자(行者 : 스님이 되기 위하여 출가했으나 아직 사미, 사미니계를 받지 못한 사람)들에게 양보한다. 발심출가하여 인천(人天 : 사람과 하늘)의 스승이 되려는 행자들이 먼저 공덕을 쌓아 생사 문제를 해결하는 밑거름이 되길 바라는 마음에서다.

무문관 봉사단은 "남에게 보여주는 물질적인 봉사도 중요하지만 '함이 없이 행하는' 무주상無住相 보시가 더욱 참된 봉사라는 생각에 따로 회장이나 책임자를 두지 않고 있다. 하루하루의 삶이 불법 자체이길 바란다는 신도들은 "머리로 불교를 하지 말고, 몸으로 신심을 일으키는 불자가 돼야 한다. 어디를 가든지 주인이 되라. 그러면 가는 곳마다 진리가 된다."는 선원장 스님의 가르침을 신행의 좌표로 하고 있다. 이런 신도들의 정성과 무문관 수좌들의 용맹정진이 결합되어 남국선원의 수행가풍은 어느 선원 보다도 선선善禪함을 유지하고 있다.

94년 혜국 스님이 일타 스님을 조실로 모시고 문을 연 무문관은 방과 샤워실 및 화장실 등 한 방이 11평 규모로, 2층 건물에 모두 8개의 방(2층에 30명 수용규모의 대중선방 포함)으로 이뤄져 있다. 다른 선원의 무문관이 3개월 또는 5개월 기한으로 운영되는 것과 달리 남국선원은 기한은 본인에게 있지만 보통 1년이 지나면 수행자들이 13kg 정도 체중이 빠질 (일종식이 원칙) 정도로 힘든 과정이다. 그러나 남국의 비경과 외호대중의

무문관 입구

지극한 정성이 소문이 나서 무문관 입방 대기자가 항상 줄을 잇고 있다.

제주도에서는 유일하게 출가자 전용 선방을 갖춘 남국선원의 선방은 여름, 겨울 석달씩의 안거安居가 있는 선방과 한 번 들어가면 1년 안에는 나올 수 없는 무문관 선방으로 나뉜다. 물론 무문관에는 하루 한 끼만 출입구를 통해 들여보낸다. 넣어준 식기가 나오지 않으면 삼매에 들었거나 육신에 이상이 생겼거나 둘 중 하나다. 화두를 타파하고 사자후(獅子吼 : 사자의 울부짖음과 같은 위엄 있는 깨달음의 설법)를 토하며 무문관을 나설 것인가, 아무런 소득도 없이 만신창이가 된 몸과 마음을 이끌고 후일을 기약할 것인가 하는 것은 오로지 수행자의 대발심과 정진력에 달려 있는 것이다. 이런 용맹정진의 분위기를 지키기 위해 남국선원 무문관은 세간사를 완벽하게 잊고 정진에만 몰두할 수 있도록 엄격한 규칙을 정하고 있다. 여기에는 수행자가 몸에 병이 나서 병원에 입원하지 않는 한 어떠한 이유도 예외가 될 수 없다. 『현대불교신문』 2545년 4월 18일자에 게재된 '수완 스님의 스님 이야기' 중에 실린 일화다.

"현진 스님은 수년 전 제주도 남국선원의 무문관에서 정진했었다. 그때 스님의 모친이 돌아가셨는데 부음을 알리느냐 마느냐로 도반들이 고민을 했다. 윤리적 측면에서는 분명히 알려야 되겠지만 생사해탈을 위해 목숨 걸어놓고 정진하는데 우리가 그 선정을 깨야서 되겠느냐 하여 결국 알리지 않았다. 장례 기간 내내 현진 스님의 속가 친지들이 스님의 행방에 대한 물어왔지만 연락이 안 된다고만 대답했다. 사십구재도 청량사에서 도반들이 모셨다."

제주도에는 조계종 본사의 하나인 관음사를 비롯해 여러 군소 종단의 사찰이 100여 개나 있다. 하지만 참선을 전문으로 하는 도량은 찾아 보기 힘들다. 남국선원에 무문관까지 들어서게 된 것은 토속신앙이 강한 제주도 특유의 신행 형태에 수행위주의 선원을 건립하겠다는 혜국 스님의 원력과 성철 스님의 권유가 인연의 출발점이 되었다. 혜국 스님은 절터를 잡으려고 제주도 일주도로를 따라 돌다가 서귀포 시가지가 내려다보이는 한라산 중턱에 눈길을 멈추었다. 그곳은 팔려고 내놓은 지 2년이 된 목장이었다. 스님은 주인이 달라는 값보다 더 주고 그 땅을 샀다. 절이 들어설 땅이므로 소중하게 인연을 맺고 싶어서였다.

그러나 혜국 스님이 무문관을 건립하고자 뜻을 세운 것은 1964년 도봉산 천축사에 최초의 무문관이 생긴 얼마 후로 거슬러 올라간다. 당시 스무 살도 안 된 혜국 스님이 무문관에 들어가려 했으나, 나이도 어리고 선방 수행이력이 많지 않아 혼만 나고 입방할 수 없었다고 한다. 혜국 스님은 어린 나이에도 용맹심이 대단해서 언젠가는 무문관 수행을 하고 말겠다는 발원을 했고, 급기야 무문관 선원을 직접 짓기에 이른 것이다. 무문관을 만들고 당신이 1년 동안 무문관에서 살아 본 것도 무문관을 운영하는데 큰 노하우가 됐다. 무문관이 있는 선원에는 어디든 세간에서는 경험하지 못한 진귀한 일들이 많이 벌어진다. 남국선원 무문관에서도 예외가 아니어서, 무문관에서 정진하던 수좌의 방광 이야기는 아직도 회자되고 있을 정도다.

어느 날 늦은 밤에 무문관에서 불기둥이 세 곳에서 올라와서 뱅뱅 돌았다고 한다. 행자와 신도들이 놀라서 울면서 절을 할 정도였다. 하지만 그 수좌의 방광(放光 : 수행자의 몸에서 빛이 발산되는 현상)은 확철대오한 상태의 깨달음을 나타낸 것은 아니었다고 한다.

무문관 수좌가 방광이 난 얼마 후에 자기는 '일을 다 마쳤다' 고 공양구로 쪽지를 써서 내보냈다. 혜국 스님이 무문관 문을 열고 들어가서 "다 마친 소식을 일러 보라." 하니, 그 수좌는 "여여如如하고 여여한데 뭘 이르라고 하느냐?"고 말했다. 혜국 스님이 수좌의 뺨따귀를 때리면서 "여여하다는 놈 따로 있고, 여여한 경계가 따로 있는데 무슨 소리를 지껄이고 있느냐? 여여한 경계는 그만두고 여여한 놈이나 내놓아 보라."고 호통을 쳤다. 그러자 그 수좌는 "다만 모를 뿐이다."고 답했다.

혜국 스님이 서옹 스님에게 가서 점검을 받아보라고 하자 그 수좌는 서옹 스님에게도 똑같은 대답을 했다고 한다. 서옹 스님이 "이 사람아, 여여한 게 따로 있으면 어떻게 해. 여여하다는 놈이 따로 있고 여여한 것이 있으면 이미 주객(主客 : 주관과 객관)이 나뉘어 있지 않은가?" 하며 일러주었다고 한다. 그래서 이 수좌는 자신이 경계에 속았음을 알고 다시 무문관에 들어온다고 연락을 했다. 하지만 이미 무문관에는 다른 수행자가 들어온 상태여서, 그 수좌는 지리산으로 들어가 정진하고 있다고 전한다.

남국선원 무문관 수행자들은 어느 무문관 보다 수행 분위기와 외호대중의 신심이 깊어서인지, 일대사一大事를 마치기 전까지는 몸이 아프지 않는 한 무문관에서 나오지 않으려 한다. 물론 1년이고, 2년이고, 기한이 중요한 것이 아니라 생사의 큰 일을 해결하기만 한다면 1주일만에라도 문을 박차고 나올 수 있는 곳이 무문관이다. 일대사를 해결하는 일이 쉽지 않은 일이기에, 무문관 수행이 4년씩이나 이어지고 있는 것이다. 남국(南國 : 제주도)에서 일 마친 도인들이 무더기로 쏟아져 나오는 날이 있다면, 그것은 남국선원 무문관의 공덕이 아닐까 싶다.

제주 남국선원 선원장 혜국 스님

깨치지 못하여 부처가 되지 못한다 하더라도 사람이 소중하다는 것을 체험하는 일만으로도 무문관 수행은 덜 여문 정신을 크게 성숙시키지 않을까 싶다. 혜국 스님은 태백산 도솔암에서 자지 않고 앉아서 좌선하는 고행을 한 적이 있다. 스님은 한 달에 한 번 정도 사람의 그림자를 볼까 말까 한 깊은 산중의 도솔암에서 무려 2년 7개월 동안 장좌불와 수행을 했다고 한다. 그 기간에 가장 견디기 힘든 것은 끝없이 밀려드는 잠과 사람에 대한 끝없는 그리움이었다고 한다. 세간과 완벽하게 떨어진 외진 곳에서의 처절한 토굴 수행의 경험은 혜국 스님이 무문관을 성공적으로 운영하고 있는 힘이기도 하다. 혜국 스님과 인연 닿은 수행자들이라 하더라도 무문관에서 깨닫지 못하고 나오는 경우가 대부분이지만 채우지 못하는 구도의 열정, 인연의 소중함, 인간의 한계 등을 깨닫고 나오는 것만으로도 귀중한 체험이 될 것이다.

혜국 스님은 일반인들이 상상조차 하기 힘든 용기와 결단력을 가진 수좌출신 스님이다. 오른손 검지·중지·무명지 반을 불살라 공양할 정도로 무서운 구도심을 가진 분이다. 나라는 것을 잊은 무아無我의 상태에서 감행할 수 있는 소지공양燒指供養과 장좌불와 등 극한의 고통을 이겨내며 오로지 수행에만 정진해온 수좌 시절이 오늘의 그를 있게 한 것이다.

혜국 스님은 단호한 결단력과 함께 자상한 가르침으로 후학들을 지도하고 있다. 제자들에게 늘 지는 법을 배우라고 강조하며, 아무리 아파도 예불에는 꼭 참석할 만큼 해야 될 일에 대해선 최선을 다하는 스승이다. 다음 생에 태어날 때도 세세생생 이 길을 가겠다고 서원할 정도로 자신이 가고 있는 길에 대한 자부심이 철저한 구도자의 사표이다.

1949년 제주도에서 태어난 스님은 13살 때 출가해 62년 일타 스님을 은사로 사미계를, 70년 혜수 스님에게서 구족계를 받았다. 경봉, 구산, 성철 스님 등 당대 고승들의 지도를 받으며 용맹정진했다. 동진출가 한 탓에 60~70대 스님들과 어깨를 나란히 하며 한국 수좌계의 중심인물로 수행기풍을 조성해 왔다. 1994년 고향인 제주도에 남국선원을 개원한 데 이어 충주 석종사 금봉선원을 여는 등 선풍禪風을 일으키고 있다. 스님은 여건이 마련되면 석종사에도 무문관을 설치할 계획을 갖고 있다.

설악산 백담사 무금선원

백담사는 내설악에 있는 대표적인 명찰이다. 강원도 인제군 북면 용대리에서 백담계곡을 따라 20리를 거슬러 올라간 위치에 있으며, 절 뒤로 늘어선 울창한 잣나무숲이 장관이다. 가야동 계곡과 구곡담을 흘러 온 맑은 물이 합쳐지는 백담계곡 위에 있어 내설악을 오르는 길잡이가 되고 있다. 신라 제 28대 진덕여왕 원년(647년)에 자장 율사가 창건했는데 처음은 한계사라 불렸으나 그 후, 대청봉에서 절까지 웅덩이가 백 개 있어 백담사라 이름 붙였다. 십여 차례 소실되었다가 한국전쟁 이후 1957년에 재건되어 현재에 이르는 등 역사적인 곡절이 많은 절이다.

특히 백담사는 만해 한용운(1879~1944) 스님이 입산 수도한 곳으로 유명하다. 만해 스님은 이곳에 머물면서 『불교유신론』, 『십현담주해』, 『님의 침묵』을 집필하였다. 만해 스님을 통해 알려진 백담사가 더욱 유명해진 것은 1988년 11월, 전두환 전 대통령이 정치자금 문제와 관련, 백담사에서 1년

'무금無今'이란 무고무금無古無今의 준말로 '과거도 현재도 없다'는 뜻과 '시간이 정지한 곳'이란 의미도 담고 있다. 과거, 현재, 미래의 한 순간도 얻을 바 없으며 어디에도 기대는 바, 머무는 바 없이 정진한다는 깊은 의미를 가진 수행도량이다.

여 동안 은둔생활에 들어갔을 때부터다.

전두환 전 대통령의 은둔생활 이후 일반의 관심에서 비켜나 한적했던 백담사는 98년 회주 오현 스님이 무금선원無今禪院을 개설한 이후 수행도량으로 거듭났다. '무금無今'이란 무고무금無古無今의 준말로 '과거도 현재도 없다'는 뜻과 '시간이 정지한 곳'이란 의미도 담고 있다. 『금강경』에 '과거심, 현재심, 미래심도 얻을 수 없다'는 말처럼 과거, 현재, 미래의 한 순간도 얻을 바 없으며 어디에도 기대는 바, 머무는 바 없이 정진한다는 깊은 의미를 가진 수행도량이다. 이 무금선원에는 수행경력에 따라 두 부류의 스님들이 매년 두 차례 결제에 들어간다. 산 위쪽의 무문관에는 승랍僧臘 20년 이상의 중견 스님 10명이 밖에서 자물쇠로 문을 걸어 잠근 채 매번 석달 간의 폐문정진閉門精進을 하고 있고, 아래쪽의 조계종 기본선원에서는 정식 비구계를 받기 전의 예비선승 30여 명이 참선의 기초를 다지는 수행에 매진한다.

물론 무문관에서는 일반 선원과 달리 모든 것을 수행자 혼자 알아서 해야 한다. 묵언默言은 기본이고 편지, 소포 접수도 일절 금지된다. 독서와 취미생활도 할 수 없다. 음식은 정해진 투입구를 통해서만 전달된다. 꽉 막힌 3평 정도 크기의 방에서 외부와 일절 단절된 채 혼자서 철저히 자신과 싸워야 한다. 몸이 아파도 공양구에 메모를 해 놓으면 약이 들어갈 뿐이다. 2006년 부터는 선원 뒤편에 1인당 3평 남짓한 마당이 제공됐다. 운동과 햇볕을 쬐도록 그나마 편이를 제공한 것이다. 설악산과 백담계곡의 수려한 풍광이 손에 잡힐 듯 생생하지만 무문관 수행자들에게는 이 마당까지가 '외출'이 허용되는 한계선이다.

무금선원의 무문관은 일반 안거기간에 맞춰 3개월씩 폐관정진을 하지만, 어느 무문관 보다도 정진의 집중도는 높다. 5년째 이곳을 떠나지 않는 진허 스님(전 마곡사 주지)과 2년째인 대흥사 회주 보선 스님(전 조계종 중앙종회 부의장) 등 선원장급 구참스님들은 결제와 해제철에 상관없이 오랫동안 무문관을 지키고 있다. 선원장인 신룡 스님 역시 1999~2002년 3년 동안 이 무문관에서 참선수행을 했을 정도로 수좌계의 중진스님들이 동참하고 있는 무문관이다.

알다시피 이러한 무문관은 스스로 택한 지독한 독방 감옥살이나 마찬가지다. 하지만 무문관에 들어가 있는 수좌들이 느끼는 마음은 세상 사람들의 추측과는 많이 다르다. 우리는 그들이 갇힌 사람들이라 생각하겠지만, 무문관 수행자들은 우리를 세간사에 갇혀 자유를 잃고 살아가는 사람들로 볼 것임에 틀림없다.

"혼자서 독방 감옥살이 한다고 하지만 삶은 수행의 연속이고, 행복의 연속이다. 도량道場도, 세월도 잊고 그저 수행하는 것일 뿐"이라고 말하는 진허 스님의 말처럼 참된 행복은 느끼는 자의 몫으로 돌려질 뿐이다. 무문관에서 수행하면서 듣고 보는 계곡의 물소리, 계절따라 변하는 산색山色, 별빛이 그대로 가슴 속에 쏟아진다. 그럴 때 맑은 법열法悅을 느낀다."고 말하는 신룡 스님의 고백은 참된 자유, 무소유의 행복을 절감하게 하는 내면의 목소리다.

무문관 바깥에 사는 사람들은 세계 어디든지 마음대로 왕래하고, 가진 현금만큼이나 많은 물건을 소유할 수 있지만 끝없는 욕망과 헐떡이는 마음을 쉬지는 못한다. 문없는 문 안에서 어디에도 머물지 않고, 대자유를 누리는 무문관 수행자들은 텅빈 충만을 향유하며 사계절을 느끼고 우주를 유영遊泳한다. 무문관 수행자들은 '깨침이 우리의 생명이기에, 이 몸을 이번 생에 제도하지 못하면 언제 하겠느냐'는 각오로 스스로 고독을 선택한 대장부들이다. 그런 점에서 고립과 고독은 다르다. 고립은 자초하는 것이고, 고독은 선택하는 것. 온 생명과 하나 되기 위한 처절한 고독은 이미 고독이 아니라 해방의 공간에서 풀어헤친 자유의 몸짓이 아닐까.

어느 기자가 무문관에 들어가는 수행자에게 이렇게 물었다.

"스님, 그 쪽방에 왜 들어가십니까?"

"묻지 말게, 수행엔 답이 없느니라."

그렇다. 수행에는 정해진 답이 없다. 그래서 『금강경』은 깨달음에는 '정해진 바가 없으며(無有定法), 얻을 바도 없다(無所得法)'고 하지 않았던가. 이미 정해진 것이 있고 얻을 것이 있다면, 어찌 그러한 법을 무상정등정각無上正等正覺이라 할 수 있겠는가. 끝없는 초월, 끝없는 과정이 목적 그 자체가 되어 문없는 문을 자유롭게 왕래하고 있는 것은 아닐까.

그래서인지 무문관 수행은 처음에는 고통스러운 독방생활일 수 있지만, 시간이 지날수록 문없는 문을 열고 우주와 하나되는 호연지기浩然之

氣를 체험하며 점차 힘을 얻기도 한다. 무문관에 앉아 용맹정진을 1주일 하고 나면 여기가 윗목인지, 아랫목인지 구분이 안 되고 꿈속에 있는 듯하다고 한다. 하지만 1주일의 고비를 지나면 서서히 무문관 생활도 적응이 되기 시작한다. 수행의 시간이 흐를수록 마음이 서서히 비워지며 자기도 모르게 포용력도 생겨난다. 한 달 정도가 지나면 오히려 기백이 생생해지기도 한다. 독방 수행에는 깨달음에 가까이 가는 큰 보람뿐만 아니라 작은 기쁨들도 따른다. 한밤중에 작은 창을 열어 보면 밤하늘의 별들이 가슴으로 쏟아져 들어온다. 자연이 온몸으로 들어오는 느낌이다. 무문관 생활에서 느낄 수 있는 기쁨 중의 하나다. 갇힌 공간에서 열린 우주와 호흡하는 알 수 없는 순간들이 끝없이 수행의 여정을 기다리고 있는 것이다.

"살 때는 철저히 살고, 죽을 때도 철저히 죽어야 합니다."

생사의 깊고 깊은 뿌리를 뽑을 각오로 양껏 정진하러 무문관으로 들어가는 어느 수좌가 남긴 말이다. 선가에서는 '확철대오 하려면 세 번은 죽어야 한다'는 말이 있다. 나(我)라고 하는 생각, 내가 소유한 모든 것, 자존심과 명예 등등, 무아無我를 체득하기 위해서는 비우고 또 비우며 아상我相을 죽이고 또 죽이는 처절한 자기 부정과 이를 통한 대긍정의 정반합正反合 과정이 필요하기 때문이다. 그래서 수행자들은 백척의 높은 장대 위에서 한 발 내딛는 백척간두진일보百尺竿頭進一步의 각오로 철저히 거짓 자기를 죽이는 실험에 뛰어드는 것이다. 이번 무문관 수행에는 어

무문관 전경

떤 수행자가 필사즉생(必死卽生 : 죽으면 살리라)의 각오로 문없는 문의 관문을 넘어 살아 돌아올까. 기다려진다.

　　백담사 무금선원 회주 오현 스님

　"이곳 백담계곡의 물 소리, 바람 소리, 울음 소리, 벌레 소리가 다 화두입니다. 한 생각이 일면 번뇌망상이 일파만파로 번지고 한 생각을 거둬 버리면 모든 생각이 없어집니다. 우리 인생은 얻을래야 얻을 것도 없고 구할래야 구할 것도 없습니다. 증득證得할래야 증득할 것도 없고 달빛만 빈 배에 가득할 뿐입니다."

1998년 무금선원을 개설한 이후 조용히 수행도량을 일궈오고 있는 백담사 회주 오현五鉉 스님의 법문 한 마디 한 마디는 그대로 선시禪詩다. 강원불교의 큰스님으로서 지역불교의 활성화에 주도적인 역할을 해온 스님은 세속에서는 만해 한용운 스님의 정신을 이은 문단의 큰 어른으로 존경받고 있다.. 경남 밀양 출신인 오현 스님은 20대 후반, 고향의 한 절에서 출가하여 전국을 돌아다니며 수행을 했다. 1977년 신흥사 주지를 맡으며 설악산과 인연을 맺은 후 그 일대를 떠나지 않고 산과 바다와 더불어 살아가고 있어 '설악산의 주인'이라고도 불린다.

오현 스님은 지난 10여년 동안 절 집안의 대선배인 만해萬海 한용운(韓龍雲 · 1879~1944) 스님의 수행정신과 문학사상을 기리는 일에 매진하기도 했다. 96년 뜻을 같이하는 사람들과 만해사상실천선양회를 만들고 이듬해 만해상을 제정했다. 또 백담사에 만해기념관과 만해당을 세우고 99년부터는 매년 여름 만해축전을 개최하고 있다. 하지만 오현 스님은 세상에 드러나는 것을 거부한다. 모든 공을 다른 사람에게 돌리고 자신은 무대 뒤의 인물로 자족한다.

오현 스님은 불교계의 대표적인 시인이기도 하다. 68년 문단에 나온 후 『심우도尋牛圖』, 『산에 사는 날에』 등의 시집을 냈고 현대시조문학상, 가람시조문학상 등을 받았다. 그래서 오현 스님이 주석하고 있는 백담사에는 문단, 예술계 사람들의 발길이 끊이지 않는다. 하지만 오현 스님의 글은 그의 말처럼 과작寡作이다. 수행과 세상살이, 문학공부 등이 몸 속에서 한데 어울어지다 넘쳐서 밖으로 나온 글이니 사리숨쉬나 마찬가지인 셈이다.

2003년 발간된 『절간 이야기』(고요한 아침)에는 스님의 무애자재無碍自在한 가풍을 엿볼 수 있는 글들이 수북하다. 스님의 글들이 형식에 관계없이 독자에게 강렬한 인상을 주는 것은 수행과 사색에서 우러나오는 깊은 통찰을 담고 있기 때문이다.

놈이라고 다 중놈이냐
중놈소리 들을라면
취모검吹毛劍 날 끝에서 그 몇 번은 죽어야
그 물론 손·발톱 눈썹도 짓물러 다 빠져야.
『일색변一色邊』

인간 존재의 본질을 거시적 관점에서 바라보는 오현 스님은 자신만의 철저한 수행관으로 드러내지 않는 공부에 매진해 왔다. 그래서 『벽암록』 등의 선 해설서에는 자신만의 독특한 안목과 생생한 목소리가 들어 있다. 불법의 대의를 묻는 수좌의 질문에 이렇게 답변한 것이 한 예다.

"지난달 초 이튿날 한 수좌가 와서
달마가 서쪽에서 온 뜻을 묻길래
내설악 백담계곡에는 반석이 많다고 했다."
『무설설無說說』

또한 『절간 이야기』 중 연작 시조 '무산심우도霧山尋牛圖'에는 소 찾는 수행자의 구도여정에 대한 당신의 자신감이 배어있는 글이 보인다.

주막 앞에서 부딪친 늙은 어부가 물었다.
"수도하신 지 얼마나 되는지요?"
"한 40년 된 것 같습니다."
"그럼 스님도 하마(벌써) 산山을 버리셨겠네요?"
"……."
"지가 노櫓를 잡은 지 30년이 지나던 해에 그것을 버렸기에 해 본 말입니다."

일반 선원에서도 감당하기 힘든 무문관과 기본선원을 동시에 운영하고 있는 백담사의 저력은 오현 스님의 큰 도량과 원력에서 우러난 것이라 해도 과언이 아니다. 평소 "출가하는 사람은 버려야 한다. 부모, 형제 등 육친도 버리고 학문, 지식, 명예도 버리고 깨달은 뒤에는 깨달음까지도 버려야 한다."고 강조해 온 스님은 칠순이 넘은 고령에도 "한 철 잘 정진해서 모두가 설악산의 주인이 되라."며 자비롭게 수행자들을 외호外護하고 있다.

천성산 조계암

"천성산을 나오기 전날 조계암 무문관에서 하룻밤을 지냈습니다. 주지 스님께서 이제 세상의 연을 놓고 무문관에 들어와 정진하라 하셨죠. 그러게요. 저는 슬그머니 눈길을 피했습니다. 스님, 진리의 길에는 문이 없다죠. 이것이 천성산과 함께 한 제 화두였습니다."

2005년 11월 25일 '천성산 지킴이' 지율 스님이 41만 명에 이르는 '도롱뇽의 친구들'에게 보낸 전자우편 '초록의 공명'에 적힌 글이다. 지율 스님은 '문이 없는 곳에서'라는 제목의 편지에서 천성산 조계암 무문관 사진을 배경으로 주지 동진 스님과 나눈 짧은 대화를 걸고리로 당신의 화두를 표현해 놓았다.

지율 스님이 조계암 무문관에 들어가지 않은 이유는 '진리의 길에 문이 따로 없기 때문'이었을 것이다. 사실 무문관을 들어가건, 들어가지

조계암은 원효 스님의 토굴 수행터에 현대의 고승들을 줄줄이 배출한 수행의 최적지라 할 수 있다. 앞으로 천 명의 성인이 천성산에서 나온다고 한다면, 아마도 조계암 무문관에서 배출된 수행자들이 아닐까.

않건 진리를 깨닫지 못하면 사방이 꽉 막힌 독방에 갇혀 있는 신세나 다름이 없다. 사람들은 자유의지대로 희·로·애·락의 생활을 이어가지만, 정작 자유가 아닌 부자유로 산다. 가난한 사람은 물질적인 빈곤에 허덕이고, 부자들은 소비욕구를 마음껏 충족시키면서도 뭔가 허전한 빈 가슴을 채울 길이 없다. '왜 사는가?', '어디서 와서 어디로 가는가?' 하는 인생의 근본문제는 한 번도 진지하게 고민하지 못한 채, 온갖 경계와 번뇌·망상의 노예가 되어 살아간다. '머무는 곳 마다 주인이 되어 진리를 실현하라'는 임제 선사의 가르침 대로 삶의 주인이 되어 참 자유와 행복을 구가하며 사는 사람이 과연 얼마나 될까.

　조계암은 멀리 천성산(812m) 꼭대기가 바라다 보이는 아늑한 곳에 있다. 양산 웅상읍 영산대 캠퍼스를 지나 산길을 따라 올라 고개를 넘어가면 산 중턱에 위치해 있다. 사방이 산으로 둘러싸여 있는데, 절 안에 들어서면 보이는 것은 푸른 하늘과 푸른 산 뿐이다. 사회와 단절된 자연환경이기에 무문관이 들어서기에는 최적의 조건을 갖추고 있다. 더구나 옛날부터 계곡의 경관이 뛰어나 '소금강산' 이라 불리운 천성산의 명당에 자리한 것이 우연이 아닌듯 하다.『신증동국여지승람』'양산편'에는 "고을 북쪽 20리에 있으며 혹은 천성산이라고 하고 또는 소금강산이라고도 한다." 라고 기록되어 있으며 "산세가 높고 험준하며 맑고 빼어나게 아름다워 천 가지 연꽃 같다(千朶芙蓉)"고도 했다. '울산편'에는 "연이어진 험준한 산봉우리가 첩첩하고 산골짜기는 깊고 깊으며 조용하다."고

했다.

　천성산은 그 머리의 모습이 우뚝해서 눈에 잘 띄고 산 봉우리에서의 조망이 좋으며 천성산이 품고 있는 계곡이 아주 좋아 명산의 조건을 다 갖춘 명산이라 한다. 특히 천성산은 경관이 아름다울 뿐만 아니라 골이 깊고 그윽해서 예로부터 수도하기에도 좋은 도량이라고 한다. 일찍이 원효 대사가 이 산에 자리잡고 불도에 정진하며 중생을 제도한 곳으로도 알려져 있다. 『송고승전』의 '내원사 유래'에 따르면 천성산은 이른바 원효가 밥상을 던져 많은 중국 스님들을 구한 척반구중擲盤求衆의 설화와 관계가 있다.

　원효 대사가 대운산 척판암에 머물고 있을 때 당나라의 담운사(또는 태화사) 스님들이 집이 무너져 내리는 것도 모르고 공양 중이자 원효 대사가 밥상을 던져 밥상이 공중을 날아가는 소리를 들은 1,000여명의 스님들은 집이 쓰러지기 전에 밖으로 나와 목숨을 건졌다는 것이다. 이후 목숨을 건진 천명의 스님이 당나라에서 원효 대사를 찾아오자, 원효 대사가 천명의 스님을 천성산으로 데리고 들어가 모두 성불하게 해 천명의 성인이 나왔다는 뜻으로 천성산이라 했다는 설화가 전해져 온다.

　이런 유서깊은 명산의 명당에 자리잡은 조계암에 무문관이 들어선 것은 2004년 5월. 평균 10명의 스님이 방부를 들여 여름과 겨울, 3개월의 안거기간 동안 무문관 수행을 하고 있다. 굳게 자물쇠로 닫힌 채 입구에 나무가 높게 쌓여 있는 무문관 선방의 수행 스님들은 욕실이 딸린 작은

천성산은 그 머리의 모습이 우뚝해서 눈에 잘 띄고 산 봉우리에서의 조망이 좋으며 천성산이 품고 있는 계곡이 아주 좋아 명산의 조건을 다 갖춘 명산이라 한다.

방안에서 묵언하면서 바깥의 작은 소리에도 귀를 집중하며 '들음을 돌이키어 자성을 듣는' 반문문자성反聞聞自性의 참구에 여념이 없을 것이다. 산새들도 스님들이 수행 중이라는 사실을 아는지 잘 울지 않고, 가람 내에 머무는 이들도 발걸음 조차 함부로 떼지 않는다. 이들을 외호하는 주지 스님도 마찬가지다. 눈 밝은 도인의 출현을 염원하는 지극함이 사중 곳곳에 배어 있다. 공양간 조차 맛있는 음식 냄새를 풍기지 않으려고 애를 쓴다고 하니, 한 사람의 도인道人을 탄생시키기 위한 사부대중의 정성이 애틋하기만 하다.

조계암에 무문관이 들어서기까지는 여러 스님들이 원력을 모았다. 통도사 서운암 성파 스님을 비롯해, 주지 동진 스님과 오랫동안 조계암에 머물면서 수행도량을 가꿔 온 상현 스님이 마음을 모아 영남에서 자랑할 만한 수행도량을 만든 것이다. 동진 스님은 "천성산은 원효 대사가 1,000명의 승려를 모아 강설해 성인으로 만들었다고 전해지는 산이듯이, 이 곳에서 천성의 후예들이 출현하기를 기원한다."며 수행자들에게 아낌없는 물질적, 정신적 후원을 다하고 있다.

조계암이 새로운 영남의 수행처로 탄생되기 까지에는 이곳을 거쳐간 여러 선지식들의 숨은 노고가 적지 않았다.

2004년 10월 12일 입적한 호명(1914~2004) 스님은 통도사 시탑전에서 열반하기 전, 조계암에서 51세부터 22년간 주석하며 1천여 평의 밭을 일구면서 수행해 '일일부작 일일불식一日不作 一日不食'이라는 백장청규의 정신을 지키면서 '자신을 죽여' 법을 깨우친 것으로도 유명하다. 그 때 터득한 것이 "나 혼자만 살아서 될 게 아니고 더불어 살아가야 한다. 농사짓는 일만큼 나와 자연, 나와 우주, 나와 이웃이 하나라는 진리를 절실하게 깨우칠 수 있게 해준 것이 없다."는 것이었다. 교敎와 선禪과 생활이 일체가 돼야 우주인으로 걸림 없는 삶을 살수 있다고 강조한 스님은 재가자들의 수행지도에도 남다른 열의를 보였다. 98년 재가 수행모임인 경심회耕心會를 만들어 직접 경전 공부와 참선지도를 했으며, 경심회를 통해 '제대로 된 스님'을 길러내는 터전으로 키우고자 했다.

원효 스님이 수행했던 토굴이 있던 곳인 조계암에서는 조계종 전계대화상 성수 스님이 출가 전에 3년 동안 생식과 면벽수행을 했던 곳이기도 하다. 조계암 시절 성수 스님은 은사인 성암 스님을 이곳에서 처음 만났다. 행자 시절, 하루는 성암 스님이 불러 "대체 무슨 생각으로 그렇게 사느냐?"고 묻기에 "영웅이 되고자 여기에 왔는데 가르침을 줄만한 스승이 없어 고민스럽다."고 했다. 그러자 성암 스님은 "자고로 영웅치고 무식한 사람은 없으니 나한테 글이나 먼저 배우라."고 말했다. 그래서 그때부터 성수 스님은 글 공부를 시작해 『초발심자경문』을 처음 배우게 되었다. 성수 스님은 '초심'과 '발심'은 이틀 동안 배우고 '자경문'은 3일 동안 배워서 외워버렸다고 한다. 성암 스님이 『초발심자경문』을 모두 가르치자 성수 스님에게 49일 동안 10만 독讀을 하라고 시켰고 스님은 40일만에 10만 독을 해냈다. 성수 스님은 그후에 『천수경』도 10만 독을 하니까 세상이 달라 보이기 시작했다고 한다. '지성至誠이면 감천感天'이라는 말이 틀리지 않았던 것이다. 성수 스님은 정식으로 삭발·출가한 후에도 조계암에서 해방 이후까지 수행했다. 그때 공부에 얼마나 열을 올렸던지 조계암을 지나가던 약초 캐는 사람에게 해방된 사실을 알게 되었을 정도였다.

　이와 같이 조계암은 원효 스님의 토굴 수행터에 현대의 도인으로 불리던 성암 스님과 그의 제자 성수 스님, 호명 스님과 같은 현대의 고승들을 줄줄이 배출한 수행의 최적지라 할 수 있다. 앞으로 천 명의 성인이 천성산에서 나온다고 한다면, 아마도 조계암 무문관에서 배출된 수행자들이 아닐까.

사부대중의 원력과 이곳을 거쳐간 고승들의 발원이 맞물려 조계암은 무문관 수행처로서 확고한 입지를 다질 것으로 기대된다.

감포 영남불교대학 무일선원

"불기 2550년(2005년) 2월 2일 오후 3시 20분경에 무일선원에 도착하여 법당에 참배하고 종무소에 입실 신고서를 접수하고 오후 4시경에 무문관에 입실하자 바로 문은 잠겨졌다.

소나무로 지은 건물에 황토로 벽과 천정을 바른 방은 네, 다섯 평 정도의 공간에 화장실 겸 욕실 등의 시설과 가구 도구가 갖추어져 있다. 방바닥은 전기온돌을 놓았는데 뜨끈뜨끈한 게 황토찜질방을 연상케 한다. 맑은 공기와 주위에 잡음 하나 없이 조용한 분위기에 휩싸여 좌복을 깔고 좌선에 들었다. 정말 '적막 강산'이라더니 여기가 바로 신선의 마당이고 극락이로구나. 하는 생각이 든다. 밤이 되니 바깥에 낙엽 구르는 소리와 샤~~~아 하는 바람소리가 적막감마저 들게 한다. 주위가 너무 조용하니 세수하고 화장실 가는 것까지도 신경이 쓰일 정도였다."

무일선원 무문관 선방은 수행자가 신선한 공기 속에서 바다를 바라보며 포행할 수 있는 개인 포행공간과 연결돼 있다. 물론 포행공간은 나무 팬스로 철저히 외부와 차단돼 있다. ⓒ 영남불교대학

2005년 2월 2일부터 2월 12일까지 10일간 영남불교대학 경주 감포도량(무일선원) 무문관 선방에서 무문관 수행을 체험한 묘관 박원달 거사의 일기 중의 한 부분이다. 영남불교대학 신도인 묘관 거사는 비록 짧은 기간이지만 무일선원 무문관의 시설과 그 안에서 느낀 점들을 간명하게 소개하고 있어, 무문관에 대한 불자들의 궁금증을 어느 정도 해소시켜 주고 있다.

10일 간의 수행을 마친 묘관 거사는 "참 이런 곳도 있나 싶을 정도다. 도반님들도 꼭 한 번 가셔서 체험해 보시길 적극 권한다. 이 곳이야말로 참선과 수행공부를 할 수 있는 곳으로는 최적지가 아닌가 싶다. 이곳에 선방을 짓도록 선정한 우리 절 회주스님(우학 스님)의 깊으신 안목이 한결 더 높이 보이신다."며 소감을 밝히고 있다. 이어지는 묘관 거사의 무문관 체험기는 사소한 생활 하나하나를 엿볼 수 있는 대목을 보여준다.

"공양은 오전 11시 20분경에 1일 1식 기준으로 들어온다. 밥 한 공기, 국 한 그릇, 반찬(야채) 두 가지, 식수 한 병, 이것이 기본인데 과일과 떡 등이 부식으로 조금 들어온다. 그리고 그릇은 다음날 오전 9시경에 시자 스님이 공양구로 내어간다. 나는 밥과 부식으로 두 번에 나누어 먹어서 공양에는 문제가 없었다.

하루 일과는 아침에 일어나면 묵언默言이라 마음 속으로 예불을 하고 공양이 들어올 때까지 좌선하고 공양 후에 잠시 휴식을 취한다.『자비수참』

한 권과 3,000배(하루 400배씩 9일간 나눠 합이 3,600배 실시), 『다라니』와 『법성게』, 『금강경』 등 사경, 그 외 경전공부 등을 이어가다 보니 밤과 낮은 어김없이 바뀌고 어느덧 열흘이란 시간이 세월이란 흐름 속에 묻혀 과거가 되어 버렸다.

드디어 2월 12일이 되었다. 빠른 발자욱 소리가 들리더니 갑자기 시끌버끌 해진다. 오늘이 동안거 해제일이라 일찍 퇴실하는 스님들이 계시나 보다 하며 일어났다. 바깥은 아직 어두웠다. 불을 켜고 있으니 이내 발자욱 소리에 이어 똑똑똑 문 두들기는 소리가 들린다. 광인 스님인 것 같았다. '언제 나올거냐?' 하시길래 '일찍 퇴실 하겠다' 고 말하고 청소 겸 정리정돈을 하고 무문관을 나와 법당에 가서 참배를 했다."

묘관 거사의 무문관 수행이 무문관 입방 스님들과 다른 점은 기간이 짧다는 점 외에 좌선 위주가 아닌, 좌선과 예불, 간경, 절하기, 사경 등 여러 수행법을 두루 겸해서 한 점이다. 아무래도 재가 수행자이다 보니 좌선만을 지속하기에는 힘이 들기 때문인 것 같다. 묘관 거사는 10일간의 무문관 체험으로 더욱 신심을 얻어 다른 불자들도 단기 무문관 수행을 해 보도록 권하고 있다.

영남불교대학·관음사(회주 우학)가 경주시 감포읍 대본리 연봉산자락 감포 앞바다가 내려다보이는 곳에 무문관 선방인 무일선원(주지 연봉)을 낙성한 것은 지난 2005년 10월 24일. 대구에서 영남불교대학을 세워 '포

무문관 자물쇠를 채우는 우학 스님

교 제일'이라는 명성을 얻고 있는 우학 스님이 수좌스님들과 재가 수행자를 위해 수행전문도량을 정성을 다해 꾸민 것이다.

국내 어느 무문관 보다도 수행에 불편이 없는 시설을 세심하게 갖춘 무일선원은 약 4평 정도의 무문관 선방 18칸과, 선방을 외호하는 사중이 머물고 관리하는 2층 규모의 요사채를 완비했다. 재가자의 수행공간과의 구별을 짓는 요사채에는 우학 스님이 직접 쓴 '무문관無門關' 현판과 '대도무문大道無門', '제도중생濟度衆生', '견성성불見性成佛'의 편액이 걸려있어 세인의 출입을 금하는 서슬퍼런 수행공간임을 보여준다. 요사채 2층에는 감포 앞바다에서도 볼 수 있도록 8m 높이의 관세음보살상을 봉안할 예정이다.

좌선 모습　　　　　　　　　무문관 공양구

　　무일선원 무문관의 자랑이라면 무엇보다 철저하게 수행자의 입장에서 편의시설을 갖춘 점이다. 수좌들이 하루 1종식으로 수행하면서 건강을 해치지 않도록 세세한 배려를 아끼지 않았다.

　　특히 무일선원 무문관이 무엇보다 자랑하는 것은 포행공간이다. 무문관 선방은 수행자가 신선한 공기 속에서 바다를 바라보며 포행할 수 있는 10×3.5m의 개인 포행공간과 연결돼 있다. 물론 포행공간은 2m 높이의 나무 팬스로 철저히 외부와 차단돼 있다. 외부와 연결된 곳은 오직 북으로 난 출입문과 하루 1종식을 배식받는 공양구 뿐이다. 일단 입방하게 되면 큰 자물쇠로 출입문은 잠겨지고, 약 50cm의 배식구만이 유일한 연결통로로 남게 된다. 물론 모든 의사소통은 쪽지에 적어 내 놓는 공양 그릇을 통해서만 가능하다.

이처럼 최고의 수행시설을 자랑하는 무일선원 무문관은 수좌 12명, 재가자 6명 등 18명의 눈푸른 납자가 입방해 용맹정진하고 있다. 스님들은 승랍 10~20년 비구 200명 가운데 특별히 선발된 수좌들이며, 재가자들은 참선경력이 오래 된 구참자들이다. 기간은 최소 3개월, 최장 1년이며, 해제 때마다 수행자의 퇴방 의사를 타진해 입방기간이 자동연장 되도록 했다.

무일선원 무문관의 규칙인 청규淸規를 살펴보면 다음과 같다.

- 정진 기간은 최소 3개월(한 철) 기준으로 하며 최장 1년이다.
- 묵언한다.
- 독서나 취미생활을 가급적 삼간다.
- 휴대폰 사용을 할 수 없다.
- 옆 방 정진에 피해를 주는 소리지음을 조심한다.
- 포행 마당에서 옆방 사람과 의사소통 할 수 없다.
- 기타 제반 사항은 옛 청규와 율장에 준한다.
- 위 사항 위반 시 퇴방退房 조치 당할 수 있다.

"열심히 하십시오, 문 딸 때 뵙겠습니다."

매년 이런 인사말을 뒤로 한 채 수행자들은 자청해서 무문관으로 들어간다.

"스님~, 문 닫겠습니다."

이 말이 떨어지기도 전에 '철컥' 하며 방문마다 주먹만한 자물쇠가 채워진다. 마지막으로 주지 연봉 스님이 대문의 자물쇠까지 채우고 나가면 무문관은 미동도, 소리도 없이 달빛 아래 고요한 세상을 연출한다. 단지 침묵만 있을 뿐 들여보내는 사람도 받는 사람도 말이 없을 그 곳, 빈 가지를 흔드는 바람소리와 새소리, 눈 녹는 소리로 가는 세월을 짐작할 수 있을 뿐이다.

"목구멍과 입술을 닫고서 빨리 한 마디 일러라."

감포 앞바다의 파도소리와 함께 무문관을 박차고 나오며 사자후를 토할 수 있는 수행자를 기다리는 것은 영남불교대학 사부대중만의 염원은 아닐 것이다.

무일선원은 무문관뿐 아니라 법당 아래 50평 규모의 재가 선방도 마련하고 있다. 1주일 단위로 이어갈 재가선방은 약 50여 명의 재가자를 수용할 수 있어 사부대중의 수행공간으로 자리매김하고 있다. 포교제일의 명성을 얻은 영남불교대학이 이제 수행분야에서도 새로운 이정표를 세우고 있는 것이다.

강진 백련사 만덕선원

서해안 고속도로를 따라 전라남도 땅끝으로 내려가다 보면 강진이 나온다. 그 곳에는 다산의 초당이 있고 그 옆에 백련사白蓮寺가 나란히 둥지를 틀고 있다.

강진 백련사는 뭐니뭐니 해도 동백림으로 유명한 절이다. 수령 약 300년 정도 된 3,000여 그루의 동백나무가 2만평의 땅을 촘촘히 덮고 있다. 천연기념물(151호)로 까지 지정된 국가보물이다. 이미 고려시대부터 동백림으로 유명했다고 하니 그 명성을 알고도 남는다. 절의 『백련사 사적비』 내용 중에는 만경루에서 바다를 바라보는 경치가 빼어나다는 것과 절 주변의 동백 숲에서 겨울과 봄 사이에 빨갛게 피어나는 동백꽃이 볼만하다는 글이 있다. 또한 조선 전기의 문인 성임成任과 임억령林億齡이 이 아름다운 모습을 읊은 시가 전하는데, 시 내용에는 지은이가 이러한 탁월한 경치를 직접 보지 못해 한스럽다는 내용이 담겨져 있다. 지금도 수많

백련사 무문관의 특징은 비록 짧은 기간이나마 재가자들이 무문관 수행을 체험할 수 있다는 점이다. 재가자들이 출입이 통제된 가운데 묵언 참선정진을 하는 것은 전국에서 유일한 무문관 체험 프로그램이다.

은 탐방객을 부르고 있는 동백림 부근에는 작설차雀舌茶가 야생하고 있는데, 예전에도 이곳 작설차가 유명했던 곳이다.

백련사는 높이 409m의 완만한 만덕산 품 안에 있어서 원래는 만덕사라고 불리워졌다. 신라 문성왕 1년(839년)에 무염 선사에 의해 창건되었고, 그 후 고려시대와 조선시대를 거치며 몇 차례 중수를 거쳐 오늘에 이르고 있다. 백련사는 이후 고려 원묘 국사가 서민들과 거리를 두고 있어 대중적 기반이 침체된 불교 중흥을 위해 만덕사에 보현도량을 열어 수행체계를 세우고, 백련결사운동을 전개하면서 백련사로 사명이 바뀌게 되었다. 백련결사운동은 보조지눌 스님의 수선사 결사와 더불어 고려 후기 새로운 불교운동의 두 축으로 평가된다.

백련도량의 수행체계는 당시 교학만을 강조하는 화엄종과 선 수행만을 주장하는 선종과 통합하여 천태종지天台宗旨에 따라 대중들도 쉽게 불법에 귀의하여 자기가 지은 죄를 참회하고 정토에 태어날 것을 발원하는 참회수행이라고 전한다. 백련운동을 주창한 요세 스님은 글자를 아는 자만이 수행의 대상으로 삼았던 당시 지식불교를 비판하고 비록 막중한 죄를 지어 스스로의 힘으로는 도저히 해탈할 수 없는 범부일지라도 부처님전에 나아가 참회하고 수행하면 해탈할 수 있다고 설하여 많은 대중들이 이 운동에 동참하였다.

고려시대 백련결사운동의 중심사찰인 백련사는 8명의 국사를, 조선시대에는 8명의 대사를 배출했다. 오늘도 백련사 동백림에는 선사들의 깨달음의 말씀이 부도라는 형체로 우리들에게 무언의 설법을 하고 있다.

　동백꽃과 인연이 깊은 백련사는 선차禪茶와도 오랜 역사를 같이 하고 있다. 서기 1,200년경 원묘 국사가 이 곳에 거주하면서 이 곳 주위에 차 마을을 만들었다고 한다. 그래서 생긴 것이 '다산茶山'이라는 만덕산의 별칭이다. 백련사에서도 여러 종류의 차를 만들어 왔다고 하는데 특히 엽전 모양을 닮았다고 하는 전차錢茶는 최고의 차로 인정을 받아 궁중에 진상되었다고도 한다. 500년 뒤에 정약용 선생이 강진에 귀양을 와 이 곳 다산에 거처하였기에 다산이라는 호를 얻게 되었다고 한다. 백련사에서 동백숲을 따라 산중 오솔길로 들어가면 다산초당으로 이어지는데, 다산은 이 곳의 작은 초막에 머물며 『목민심서』라는 명저를 지었다.

　2001년부터 동백축제를 열고 있는 백련사는 천혜의 자연 조건 속에서 최근 무문관 선원을 개설해 더욱 불자들의 사랑을 받고 있다. 옛 만덕사의 이름을 딴 만덕선원이 바로 무문관의 이름이다. 응진전(나한전)에서 산길로 5분 거리에 위치한 무문관 만덕선원은 조용하면서도 바다가 한눈에 내려다보이는 곳에 포근하게 자리잡고 있다.

　지난 2002년 4월 처음 입제 방부를 받기 시작한 무문관은 전 주지 혜일 스님이 건평 40평에 5개의 방을 갖추면서 문을 열었다. 백련사 무문관은 계룡산 대자암(93년), 제주 남국선원(94년), 인제 백담사(98년)에 이어 세워졌다. 식사는 하루 한 번만 제공되며, 저녁은 과일과 떡으로 대신한다. 해제를 한 뒤에 방부신청을 받는 일반 선방과는 달리 이곳은

무문관 뒷편의 공양구

결제 중에도 다음 결제 때 이곳에서 꼭 수행하고 싶다는 납자들의 요청이 끊이질 않는다.

그리고 백련사 무문관의 특징은 비록 짧은 기간이나마 재가자들이 무문관 수행을 체험할 수 있다는 점이다. 재가자들이 5명씩 5일 이내에 출입이 통제된 가운데 묵언 참선정진을 하는 것은 전국에서 유일한 무문관 체험 프로그램이다. 스님들의 동안거 및 하안거 해제 때에만 실시하는 재가자 무문관 체험 프로그램은 1박2일, 2박3일, 4박5일 등의 일정으로 진행된다.

입방 기간 동안 휴대폰, 책, 펜 등의 소지품은 소지가 불가하며 묵언을

무문관 내부 재가자 무문관 체험

유지해야 한다. 매년 템플스테이 시즌에 맞춰 재가자들의 신청을 받고 있는 무문관 체험은 전국에서 유일한 템플스테이 프로그램이어서 인기가 높다.

무문관 체험은 주지 스님의 상담을 거친 후에만 가능한데, 오랫동안 정진한 재가 선객들의 문의도 이어지고 있다. 무문관 체험을 신청하고 포기한 재가자의 목소리를 들어보면 무문관 수행에 대한 높은 관심을 짐작할 수 있다.

 "얼마 전 무문관에 참가하려던 사람입니다. 꼭 기다려 왔던 기회인데, 아직 복이 부족한지 바로 눈앞에 두고서 피하지 못할 일이 생겨서 지금 못가게 되었습니다.

출가는 하늘을 뒤덮을 만큼의 복이 있어야 가능하고, 선방의 문고리만 잡아도 복이 무한하다고 하는데, 제가 감히 출가도 뛰어 넘고 선방 문고리도 뛰어넘어서 바로 무문관에 들어가려고 하니 뱁새의 다리가 찢어지듯이 아직 제 덕이 부족한 것 같습니다. 아직 인연이 아니라고 마음을 돌리고, 아쉽지만 다음으로 돌리고 싶습니다.

저를 실없는 사람이라 탓하시겠지만 좀더 속세에서 유루복(有漏福 : 언젠가는 없어지는 복덕)을 쌓은 후 무루복無漏福의 공덕을 갖추고 백련사의 무문관에 꼭 다시 도전하겠습니다. 우리 같은 속인들에게 무문관을 열어 깨달음의 길로 인도 해주신 주지 스님께 정말 감사드립니다. 무문관에 비록 가지도 못하고 말았지만 이번 일을 계기로 저의 문제점을 알았습니다. 항상 수행하려고 할 때마다 걸립니다. 물론 제가 마음이 강하지 못해서 넘어가는 것이겠지만, 조금 더 복과 지혜를 쌓아서 다음에는 마왕魔王 파순波旬이 직접 다리를 건다고 해도 넘어지지 않고 무문관으로 들어가겠습니다. 머리 숙여 죄송합니다."

이처럼 바쁜 일상사에 쫓겨 사는 재가자들이 비록 며칠간이지만 무문관에 들어간다는 것은 대단한 발심이다. 그래서 작정하고 무문관에 들어간 재가 수행자의 정진은 더욱 간절할 수 밖에 없다. 요란한 세상사를 잠시 접고 산새 소리만 들리는 산속에서 잠시나마 자신의 본성을 찾아가는 재가자들의 정진은 출가 수행자 못지 않은 집중력을 보인다는 후문이다.

단기 무문관 수행은 직업을 가진, 바쁜 재가자들에게 발심의 기회를 주는 동시에 용맹정진 할 수 있는 더없이 좋은 도량이 되고 있는 셈이다. 백련사와 같이 재가자를 위한 무문관이 많이 생긴다면 선풍禪風을 진작하는데 큰 도움이 될 것이라 생각된다.

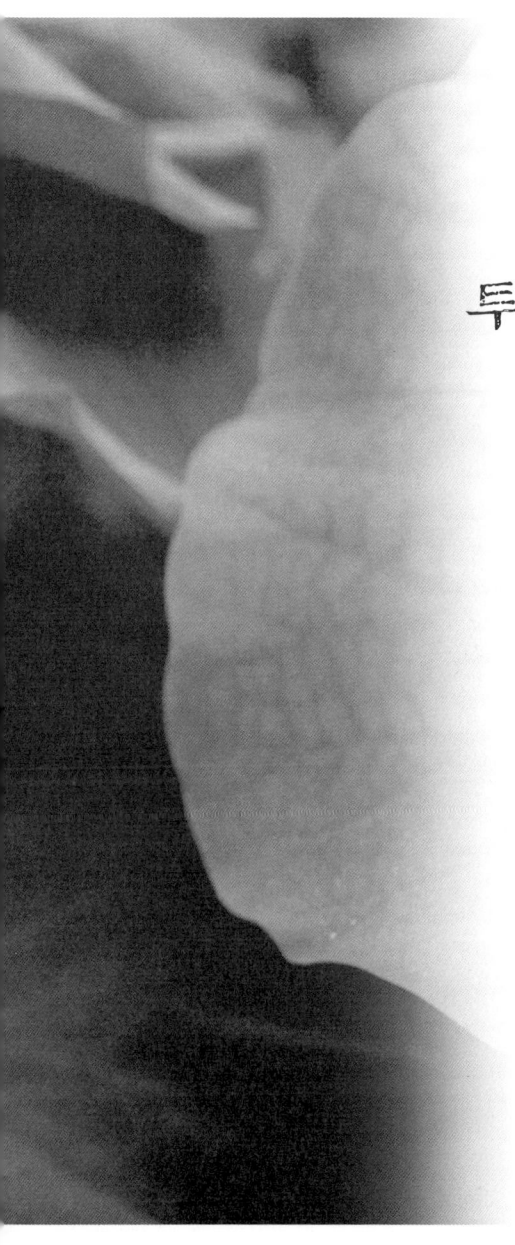

제4부
문없는 문을 투과한 고승들

'콧구멍 없는 소'가 된 경허 스님

1849년 8월 24일 전북 전주시 자동리에서 출생한 경허(鏡虛·1849~1912) 스님의 속명은 송동욱이다. 54년 관악산 청계사에서 출가했으며 59년부터 공주 동학사에서 경학을 공부해, 68년에 동학사 강사가 되었다. 경허 스님은 20대 후반에 이미, 불교의 경·율·론 經律論 삼장 三藏에 정통하고 유학과 노장까지 두루 섭렵하지 않은 것이 없는 당대의 대강사로 명성을 떨치고 있었다. 그러나 강사로서의 삶은 그의 출가 수행의 도입부에 불과했다.

1879년, 경허 스님은 옛 스승인 계허 스님을 찾아 한양으로 향하던 중 심한 폭풍우를 만나 가까운 인가에서 비를 피하려고 하였다. 하지만, 마을에 돌림병이 유행하여 집집마다 문을 굳게 닫고 있었다. 비를 피하지 못하고 마을 밖 큰 나무 밑에 앉아 밤새도록 죽음의 위협에 시달리다가 이제까지 생사불이(生死不二 : 생사가 둘이 아니다)의 이치를 문자 속에서

만 터득하였음을 깨닫고 새로운 발심發心을 하였다. 그리고 스스로 '금생에 차라리 바보가 될지언정 문자에 구속되지 않고 조도助道를 찾아 삼계를 벗어나리라.' 다짐하였다.

이튿날, 동학사로 돌아오는 길에 경허 스님의 머리 속에 문득 한 가지 의문, 한 마디의 공안이 저절로 떠올랐다. 바로 '여사미거 마사도래驢事未去 馬事到來'의 화두였다. 나귀의 일이 끝나지 않았는데 말의 일이 닥쳐왔다니, 이게 대체 무슨 도리일까. 의문은 부풀어 오르는 뭉게구름처럼 자꾸 커졌다. 권상로의 『한국선종약사』에는 경허 스님이 의심에 싸여 '가면서도 가는 줄 모르고 앉으면서도 앉는 줄 모르게' 동학사까지 갔다고 기록했다. 그것은 경허 스님에게는 출가수행의 결정적인 전기였던 것이다.

'여사미거 마사도래' 화두는 8세기 중국 위앙종의 대선사 영운지근(靈雲志勤 · 771~853) 스님에게서 비롯됐다. 영운 선사는 30년간 반야의 검을 찾아 방황하다 대오를 이룬 선의 검객으로, 그의 원력은 오늘날까지 심검당尋劍堂이라는 이름으로 우리 선찰에 살아 숨쉬고 있다. 이 화두가 탄생된 장면은 『전등록』에 나온다.

어느 때 한 수좌가 영운 선사에게 물었다.
"불교의 대의가 무엇입니까?"
"나귀의 일도 가지 않았는데 말의 일이 닥쳐왔다."

경허 스님의 제자인 한암 스님은 『경허행장』에서 이 화두를 여년(驢年 : 당나귀 해)이라는 선어를 통해 이렇게 풀이하고 있다. "당나귀 해란 돌아오는 기한이 없음을 이른다. 12간지 가운데 여년이라는 이름이 없는 까닭에 만날 기한이 없음에 비유한 것이다." 즉 당나귀 해는 영원히 돌아오지 않는 시간이며 그 연장선상에서 '당나귀의 일'은 '비실재'를 뜻한다. 이에 반해 '말의 일'은 실재하는 현재이며 존재 그 자체이다. 그러므로 당나귀의 일과 말의 일은 삶과 죽음, 유有와 공空을 각각 상징한다. 한편 '당나귀의 일'과 '말의 일'은 나날이 쌓이고 쌓인 가지가지 일상사를 의미하기도 한다. '나귀의 일도 가지 않았는데 말의 일이 닥쳐왔다.'는 말은 '이 일 저 일이 뒤를 이어 쌓여 있다.'는 뜻도 되고 '끝이 없다'는 말로도 해석된다. 또 '그저 그런 일'이라고 미루어 짐작할 수도 있다. 하지만 이런 해석은 어디까지나 알음알이에 불과한 추측이며, 수행자 자신이 화두의 귀결처를 깨닫는 수밖에 도리가 없다.

동학사로 돌아 온 경허 스님은 스승 만화 스님에게 인사도 하지 않고 신발을 신은 채 조실 방으로 들어가 누워버렸다. 다시 일어난 후에는 자신이 가르치던 여러 학인들을 모두 해산시켰다. '깨닫기 전에는 결코 조실방 밖으로 나오지 않으리라.' 맹세하고 방으로 들어간 경허 스님은 방문을 걸어 잠그고 몸을 꼿꼿이 해 앉았다. 조실방 한 구석에 대·소변을 볼 수 있는 구멍을 뚫어 밖으로 내고, 하루 한 끼 공양이 들어올 수 있는 조그만 창문 하나만을 내었다. 그리고 안에서 문을 폐쇄하고, 결가부좌를 하고 단정히 앉아서 상상을 초월하는 용맹정진에 들어갔다.

경허 스님은 '여사미거 마사도래' 화두를 전심전력으로 참구하며, 밤에 졸리면 송곳으로 허벅지를 찌르고, 혹은 칼을 갈아 턱에 괴며 이와 같이 3개월 동안 처절한 수행을 하였다. 바위처럼 앉아있는 경허 스님의 모습은 송곳과 칼에 찔려 상처투성이 인데다 피까지 흘러내려 차마 눈뜨고는 볼 수 없었으며, 오직 눈만 별처럼 반짝이며 빛나고 있었다. 360골절과 8만 4천 털구멍으로 온몸에 한 개의 의심 덩어리를 일으켜 주야로 화두를 참구해 들어갔다. 화두를 의심하고 의심하되 고양이가 쥐 잡듯이 주린 사람 밥 찾듯이 목마른 이 물 찾듯이 늙은 과부가 자식을 잃은 후에 자식 생각하듯 간절하게 '여사미거 마사도래' 화두를 챙겼다.

생사 두 글자를 이마에 붙여두고 숙맥같이 바보·천치같이 소경같이, 벙어리 같이, 불이 눈썹을 태우듯이, 머리에 붙은 불을 끄듯이 밤낮으로 용맹정진하여 3개월쯤 되자 수마가 물러가고 혼침과 산란심이 끊어지고 '여사미거 마사도래' 화두에 의심이 끊이지 아니하여 화두를 들지 않아도 화두가 현전하였다. 종일토록 화두가 순일무잡純一無雜하고 의심이 한 덩어리가 되어 꿈속에서도 화두가 들리게 되었다. 이튿날 눈을 뜨면 어젯밤에 들고 자던 화두가 그대로 들려져 있었다. 대혜종고 스님이 『서장』에서 "날이 오래고 달이 깊어서 겨우 힘을 덜게 됨은 깨달음이 문득 힘을 얻는 곳"이라고 했듯이, 꿈속에서도 저절로 화두가 들리는 득력의 경계를 얻은 것이다.

경허 스님이 조실방에서 꼼짝도 않고 용맹정진한지 석 달이 지났다. 동짓달 보름께였다. 그때 동은東隱이라는 사미승이 스님의 시봉을 들고 있었다. 동학사 밑에 사는 동은 사미승의 부친은 여러 해 동안 좌선하여 스스로 깨달은 바가 있어서, 사람들이 모두 그를 이 처사라고 불렀다.

어느 날, 만화 스님의 제자이자 경허 스님의 사형인 학명學明 스님이 이 처사를 찾아갔다. 찾아간 학명 스님을 보고 이 처사가 말했다.

"요새 동욱(경허 스님) 대사는 뭘 하나?"

"그저 방안에서 소처럼 앉아 있습니다."

"중노릇 잘못하면 소되는 이치를 아는가?"

"그거야 공부를 하지 않고 공양만 받아 먹으면 소밖에 될 게 있습니까?"

"거 대답 한 번 잘못했네. 중노릇을 그만큼 하고 겨우 대답을 그렇게 밖에 못한단 말인가?"

"그럼, 어떻게 해야 하나요? 나는 선리禪理는 모릅니다."

학명 스님은 당시 참선 보다는 총무 소임을 보며 사무를 보기에 바빴었다.

"소가 되어도 콧구멍 뚫을 데가 없으면 되는 게지."

동학사로 돌아 온 학명 스님은 그 이야기를 이 처사의 아들인 동은 사미승에게

"너의 아버지가 이런 말을 하셨는데, 너 무슨 뜻인지 알겠느냐?"

그 이야기를 들은 동은 사미승은 경허 스님이 참선하는 바로 옆방에서

다른 사미들에게 수수께끼처럼 물었다.

"너네들, 중노릇 잘못하면 소가 되는 이치를 아니?"

"소가 되는 이치가 뭔데?"

"글쎄, 그게 뭘까?"

"야, 소가 돼도 콧구멍 뚫을 데가 없으면 된단 말야."

동은 사미승은 커다랗게 말했다. 그런데 어린 사미승의 그 말이 참선 중인 경허 스님의 뒤통수를 '꽝' 하고 때렸다. 눈앞의 땅이 쫙 갈라졌다. 가슴과 마음이 활짝 트이고 '1백 20근의 짐짝을 내려놓는 것처럼' 어깨가 날아갈 듯이 가벼웠다. 『경허집』에는 "콧구멍 뚫을 데가 없다는 말 한 마디에 스님은 대지가 그냥 내려앉았으며, 만물과 나를 함께 잊고 온갖 법문의 끝없는 오묘한 이치가 당장에 얼음 녹듯 풀렸는데, 때는 기묘년(1879년) 겨울 11월 보름께였다."고 했다.

원래 '콧구멍(鼻孔)' 이란 말은 인간의 마음 속에 간직한 불성佛性의 기미를 의미한다. 중국 법안종의 종주 법안法眼 선사의 어록에 '콧구멍 없는 소(牛無鼻孔處)' 라는 표현이 실려 있다. 태아가 어머니의 뱃속에서 생겨날 때 코가 먼저 생기며, 오관 중에서도 콧구멍이 먼저 뚫린다고 본 데서 '콧구멍' 은 불성, 본분本分, 본각本覺에 비유되었다. 때문에 해탈한 모습을 '콧구멍이 아주 누긋해졌다(鼻孔累垂)' 고도 표현했다. 즉 콧구멍이 인간이 본래 지닌 불성을 뜻한다면, '콧구멍 뚫을 데가 없는 소' 란 새삼스럽게 깨달아야 할 진리가 있는 것이 아니라는 뜻도 될 것이다. 하지만 이는 어디까지나 문자적인 해석일 따름이다.

　토굴의 꽉 막힌 벽처럼 그를 가두었던 미망의 그물이 산산조각 나면서 경허 스님은 이제 당나귀와 말의 일 사이에서 방황하는 일이 없는 '콧구멍 없는 소'가 된 것이다. 고삐를 꿸 콧구멍이 없는 소는 이리저리 끌려다닐 일이 없다. 그 자신이 바로 바로 자유와 해탈 자체가 된 것이다. 경허 스님이 절집의 관례를 깨고 스스로 법명을 깨달은 소, 즉 '성우惺牛'라고 지은 까닭은 바로 여기에 있다. 스님은 오도송悟道頌을 지어 당시의 기쁨을 이렇게 노래했다.

　　문득 콧구멍 없는 소라는 말을 듣고　　忽聞人語無鼻孔
　　온 우주가 내 집임을 깨달았네　　　　頓覺三千是我家
　　유월 연암산 아랫길에　　　　　　　　六月燕岩山下路
　　일없는 시골 사람들이 태평가를 부르네.　野人無事太平歌

　1880년 봄, 경허 스님은 천장암으로 수행처를 옮겨, 깨달은 뒤에 닦음 없이 닦는 보임保任공부에 들어간다. 지고 온 바랑에서 옷 한 벌을 내어 솜을 넣은 두툼한 누더기 한 벌을 손수 지어 입고, 곧바로 쪽방으로 들어가 이듬해 6월까지 1년여 동안 상상조차 어려운 보임을 시작한 것이다. 1년여 기간을 단 한 번도 눕지 않고 장좌불와 했으며, 공양을 들거나 대·소변을 보는 일 외에는 바위처럼 앉아서 움직이지 않았다.

1년이 넘도록 세수도 하지 않고 몸도 씻지 않고 오직 솜으로 누빈 누더기 한 벌만 입은 채 보냈기에 누더기 옷과 온 몸에는 싸락눈이 내린 것처럼 이가 들끓었다. 이들이 얼마나 많았는지 마치 두부를 찐 비지를 온몸에 문질러 놓은 듯이 허옇게 들끓었다. 이들의 놀라운 번식으로 온몸이 만신창이가 되었건만 경허 스님은 한 번도 긁는다거나 가렵다는 생각조차 하지 않았다. 한암 스님은 『한암일발록』에서 스승의 처절한 오후 보임을 이렇게 기록하고 있다.

>　"천장암에 주석하실 때에 누더기 한 벌로 추울 때나 더울 때나 바꾸어 입지 않으니, 모기가 물고 이가 옷에 가득하여 밤낮으로 물려 피부가 헐어도 적연히 움직이지 않음이 산악과 같으며, (중략) 도가 응집된 경지가 아니면 누가 이와 같겠는가."

　　경허 스님은 깨닫기 전과 깨달은 후 이처럼 한결같이 용맹정진을 했다. 실로 천고千古의 모범이요 만대萬代의 귀감이라 하지 않을 수 없다. 경허 스님은 1886년 6년 동안의 보임공부를 끝내고 옷과 탈바가지, 주장자 등을 모두 불태운 뒤 무애행無碍行에 나섰다. 그 당시 일반인들이 보기에 파계승이요 괴이하게 여겨질 정도의 일화도 많이 남겼다. 문둥병에 걸린 여자와 몇 달을 동침하였고, 마을의 여인을 희롱한 뒤 몰매를 맞기도 하였으며 술에 만취해서 법당에 오르는 등 낡은 관습과 온갖 고정관념의 틀로서는 파악할 수 없는 행적들을 남겼다.

독특한 기행奇行과 함께 경허 스님은 활발한 선문답과 법문, 행동으로 선禪의 생활화, 대중화에 크게 기여하였다. 산중에서 은거하는 독각선獨覺禪이 아니라 대중 속에서 선의 이념을 실현하려고 하였다는 점에서, 근대 간화선의 중흥조로 평가받고 있다. 스님의 이와같은 노력으로 우리나라의 선풍은 새로이 일어났고, 문하에도 많은 선사들이 배출되어 새로운 선원들이 우후죽순雨後竹筍처럼 생겨났다.

오늘날 불교계의 선승들 중 대부분은 경허 스님의 문손門孫이거나 간접적인 영향을 받았을 정도로 스님이 끼친 영향력은 절대적이다. 경허 스님은 선승들이 선을 어록의 형식으로 기술하거나 구두로만 일러오던 시대에 선을 일상화하고 실천화한 선의 혁명가였으며, 불조佛祖의 경지를 현실에서 보여준 선의 대성자이기도 하였다. 명목을 유지하기에 급급했던 조선시대의 선풍을 다시 진작시켰다는 점에서 그는 '한국의 마조馬祖'로 평가된다.

스님은 만년에 천장암에서 최후의 법문을 한 뒤 사찰을 떠나 갑산, 강계 등지에서 머리를 기르고 유관儒冠을 쓴 모습으로 살았으며, 박난주朴蘭州라고 개명하였다. 그곳에서 서당의 훈장이 되어 아이들을 가르치다가, 1912년 4월 25일 새벽에 임종게를 남긴 뒤 입적하였다. 나이 64세, 법랍 56세였다.

토굴에서 '무無'자 타파한 효봉 스님

서른 여덟에 스님이 된다는 것은 불가에서는 흔히 말하는 '늦깎이' 이다. 효봉(曉峰·1888~1966) 스님은 남보다 늦게 출가한 사실을 자각하고, 남들이 쉴 때도 쉬지 않고, 잠잘 시간에도 자지 않고 분발하여 오로지 정진에만 애쓴 결과 당대의 선지식이 되었다.

1925년 금강산 신계사 보운암에서 석두 스님을 은사로 출가한 효봉 스님은 그곳에서 여름과 겨울을 지내고 나서, 이듬해 여름에는 제방의 선지식을 친견하기 위해 걸망 하나를 메고 행각의 길에 나섰다. 남과 북으로 두루 다녀 보았지만 별다른 소득이 없자, 결국 참선 공부는 남의 말에 팔릴 게 아니라, 내 스스로가 실참 실오해야 함을 확신하고 이듬해 다시 금강산으로 돌아왔다.

아무런 미련도 없이 얽힌 세정世情을 끊고 뛰쳐 나온 스님에겐 생사의 고뇌에서 해탈하는 일만이 지상의 과제였다. 용맹심을 일으켜 화두를 타파해야겠다는 일념뿐이었다. 스님은 조주 스님의 '무자無字'로 평생 화두를 삼았다. 그리고 남에게 화두를 일러줄 때도 누구에게나 한결같이 이 무자 화두를 일러주곤 하였다. 중국과 우리나라를 통해서 이 무자 화두만큼 공부하는 이의 눈을 많이 띄워준 화두가 없다고 하였다.

1927년 여름, 신계사 미륵암에서 안거에 들어갈 때 스님은 미리 대중에게 알렸다. "저는 반야에 인연이 엷은 데다가 늦게 중이 되었으니 한가한 정진은 할 수가 없습니다. 입선入禪과 방선(放禪 : 좌선에서 일어섬)도, 경행(徑行 : 걷는 수행)도 하지 않고 줄곧 앉아서 배기겠습니다."

이렇게 대중에게 통고하고 나서 스님은 꼬박 한철(석달) 동안을 아랫목 뜨거운 자리에 앉아 정진했다. 한 번은 공양 시간이 되어 자리에서 일어나려 하자 엉덩이에 무언가 달라붙는 게 있어 돌아보니, 엉덩이 살이 헐어서 진물이 흘러 가사와 방석이 달라붙어 있었다. 살이 허무는 줄도 모르고 화두일념에 미동도 하지 않았던 것이다.

가히 위법망구의 정진이었다. 제자들은 목욕할 때면 그때의 흉터가 커다랗게 나 있는 것을 볼 수 있었다. 스님은 그 뒤부터 더운 방을 싫어하였다. 스님과 함께 방을 쓰면 제자들은 늘 추워서 애를 먹었다고 한다.

효봉 스님은 금강산에 있는 선원을 여기저기 옮겨 다니면서 용맹스럽게 수행을 계속했다. 밤에는 눕지 않고 앉은 채 공부하고, 오후엔 먹지도 않았다. 한 번 앉으면 절구통처럼 움직이지 않는다고 해서 이때부터 '절구통 수좌'라는 별명이 생겼다.

출가한 지 다섯 해, 아직도 깨달음을 얻지 못한 스님은 초조했다. 자신의 두터운 숙세의 업장과 무능을 한탄했다. 대중이 여럿이 거처하는 처소에서는 마음껏 정진하기가 어려웠다. 스님은 고심 끝에 토굴을 짓기로 결심했다. 금강산 법기암 뒤에 단칸방의 토굴을 짓고, 한 구석에 대·소변을 볼 수 있는 구멍을 뚫어 밖으로 내고, 밥이 들어올 수 있는 조그만 창문 하나만을 내었다. 그리고 스님이 방에 들어 앉은 뒤 밖에서 벽을 발라버리도록 일렀다.

1930년 늦은 봄, 스님의 나이 마흔세 살 때, '깨닫기 전에는 죽어도 다시는 토굴 밖에 나오지 않으리라' 맹세하고 토굴에 들어갔다. 그것은 결사적인 각오였다. 그때 가지고 들어간 것은 입은 옷에 방석 석 장뿐, 하루 한 끼 공양을 들여보내 줄 것만을 당부했다.

이제 스님에겐 기쁨도 슬픔도, 괴로움도, 먹고 입고 자는 일도 다 아랑곳 없었다. 오로지 무자 화두를 타파하기 위한 용맹정진이 있을 뿐이었다. 일체 인간의 생활권 밖에서 살아가게 된 것이다.

암자와 토굴과의 움직임은 하루 한 끼씩 공양을 토굴 안으로 들여주는 일, 그날 빈 그릇을 챙기고 아궁이에 불을 지펴주는 일뿐이었다. 인기척 없는 토굴 안, 그 전날 밥그릇이 비어 있는 걸 보고 살아있다는 것을 짐작할 따름, 밖에서는 토굴 안의 동정動靜을 전혀 알 길이 없었다.

이렇게 여름이 가고 가을이 지나고 겨울도 지나갔다. 그리고 새 봄. 하루는 시자가 공양을 가지고 가니 그 전날 놓아둔 공양이 그대로 있는 것을 보고 깜짝 놀랐다.

"스님, 왜 공양을 안 드셨습니까?"

이 소리에 스님은 비로소 어제의 공양이 창문 입구에 있는 것을 의식했다. 그 전날부터 공양이 온 줄도 모르고 선정삼매에 들어있었던 것이다.

1931년 여름, 비가 개인 어느 날 아침. 드디어 토굴벽이 무너졌다. 1년 6개월 만에 토굴에 들어갔던 스님이 벽을 발로 차 무너뜨리고 나온 것이다. 필사적인 정진 끝에 열린 바가 있었다. 더 의심할 것 없이 이만하면 나가도 되겠다는 신념이 생긴 것이다.

토굴 밖으로 나선 스님은 한 발자욱도 떼어 놓지 못할 정도로 쇠약해져 있었다. 1년 반 만에 걷는 걸음이라 어린애처럼 비틀비틀 걸음마를 해서 나왔다. 머리와 수염은 덥수룩하고 손톱과 발톱은 길대로 길었다. 그새 세수 한 번 하지 않았는데도 얼굴만은 환하게 빛났었다고 전한다. 그 때의 심경을 노래한 오도송은 이러했다.

바다밑 제비집에 사슴이 알을 품고	海底燕巢鹿抱卵
타는 불속 거미집엔 고기가 차 달이네	火中蛛室魚煎茶
이 집안 소식을 뉘라서 알랴	此家消息誰能識
흰 구름은 서쪽으로, 달은 동쪽으로.	白雲西飛月東走

지금은 '판사 스님'으로 잘 알려진 효봉 스님이 속세에서 판사였다는

사실은 스님이 출가한 한참 뒤에나 알려졌다. 이전엔 '엿장수 스님'으로 알려졌을 뿐이었다. 2남 1녀의 단란한 가정을 이루었던 판사 '이찬형李燦亨'이 출가한 것은 판사생활 10년째인 36세 때였다. 평양 복심법원(고등법원)에서 판사생활을 하던 이찬형은 처음으로 사형선고를 내리고 난 뒤 몇날 며칠을 뜬눈으로 고민한다. 어느 날 출근하던 길로 집을 떠난 이찬형은 엿판을 메고 3년간 전국을 엿장수로 떠돈다.

정처 없이 떠돌던 스님은 드디어 금강산 신계사 보운암에서 '금강산 도인' 석두石頭 스님에게 계를 받고 머리를 깎는다. 석두 스님과 효봉 스님의 첫 만남은 박자가 착착 맞는 사제지간의 인연을 여실히 보여준다.

효봉 스님에게 석두 스님이 물었다.
"어디서 왔는가?"
"유점사에서 왔습니다."
"몇 걸음에 왔는가?"
"이렇게 왔습니다."
라고 대답하며 효봉 스님은 큰 방을 한 바퀴 빙 돌고 앉았다.
이에 석두 스님은
"10년 공부한 수좌보다 낫다."
고 감탄하며, 행자기간을 생략한 채 곧바로 계戒를 주고 원명元明이란 법명을 내렸다.
『효봉 법어집』

1888년 평안남도 양덕에서 태어난 효봉 스님은 어려서부터 할아버지 밑에서 사서삼경을 배웠으며, 1901년 평안감사가 베푼 백일장에서 장원 급제하였다. 그 뒤 평양고등보통학교를 거쳐 13년 일본 와세다대학 법학부를 졸업하고 귀국하였다. 그 뒤 10년 동안 법조계에 투신하여 서울과 함흥의 지방법원, 평양의 복심법원에서 우리나라 사람으로는 최초의 판사가 되어 활동하였다. 23년에 직책상 한 피고에게 사형선고를 내리게 되었지만, 인간이 인간을 벌하고 죽인다는 데 회의를 느껴 법관직을 팽개치고 전국 방랑의 길에 올랐다. 엿판 하나를 들고 3년 동안 참회와 고행의 길을 걷다가 25년 여름 금강산에 이르러 출가하였다.

  석두 스님을 은사로 출가한 스님은 하루 한 끼만 먹으며 토굴 속에서 용맹정진하다가, 31년 여름에 도를 깨닫고 석두 화상에게 오도송을 지어 올려 인가를 받았다. 32년 사월초파일에 유점사에서 동선 스님을 계사戒師로 구족계具足戒와 보살계菩薩戒를 받은 스님은 깨달음을 인정받고도 보임공부를 게을리 하지 않았다. 33년 여름 여여원如如院에서 수행하며 오후에는 불식不食하였고, 겨울에는 마하연 선원에서 안거하였다. 이어서 부처님의 사리가 모셔진 전국의 적멸보궁을 찾아 한 철씩 정진하였고, 1936년에는 당대의 고승 한암 스님과 만공 스님으로부터 점검을 받았다.

  37년 조계산 송광사 삼일암에 머물며 10년 동안 후학들을 지도하여 정혜쌍수(定慧雙修 : 선정과 지혜를 함께 닦음)에 대한 확고한 구도관을 열어주었다. 선방인 삼일암에서 납자들을 지도했던 스님은 늘 "중의 대근기

大根氣는 참선이요, 중근기는 경을 보고 강사를 하는 것이며, 하근기는 사람이 부족하고 모자란 것이니, 기도와 염불을 하면서 절밥을 얻어 먹는 것이다." 라고 말했다.

이처럼 참선을 제일 중요시하던 스님은 직접 죽비를 들고 선방에서 경책했으며, '동구불출(洞口不出 : 산문 밖을 나서지 않음), 오후불식午後不食, 장좌불와長坐不臥, 묵언默言'의 4가지 규약을 정해 이를 엄격히 지켰다. 그리고 늘 조주스님의 무자 화두를 들어 "무無라, 무라…."하고 입버릇처럼 외워 '무라 스님'이라고 불리기도 했다.

46년 가을 가야산 해인사의 승려들이 해인사에 종합수도원인 가야총림을 만들고 초대 방장으로 추대하자 스님은 한국전쟁으로 총림이 흩어질 때까지 5년 동안 많은 납자를 길러냈다. 48년 7월 15일 해인사 가야총림 조실에 추대된 스님은 처음으로 법문한 설법에서 "문없는 문의 빗장을 열고 대도의 큰 문을 걷는 사람은 보고 들음에 걸리고 일과 이치에 걸릴 것이 없다."며 용맹정진을 당부했다.

"사람마다 그 발 밑에 하늘을 뚫을 한 가닥 활로(活路 : 살아나는 길)가 있는데, 여기 모인 대중은 과연 그 길을 밟고 있는가? 아직 밟지 못했다면 눈이 있으면서도 장님과 같아 가는 곳마다 걸릴 것이다. 보고 들음에 걸리고 소리와 빛깔에 걸리며 일과 이치에 걸리고 현묘한 뜻에도 걸릴 것이다. 그러나 한 번 그 길을 밟으면 이른바 칠통팔달七通八達이요, 백 천 가지를 모두 깨달아 밝히지 못한 것이 없고 통하지 못할 이치가 없을 것이다."

효봉 스님은 납자를 지도하는 과정에도 불교 지도자로서의 책무를 소홀히 하지 않았다. 56년 11월에는 세계불교도우의회 제4차대회에 참가하기 위하여 동산, 청담 스님 등과 함께 네팔에 다녀오기도 한 스님은 귀국한 직후 조계종의 의결기구인 종회宗會의 의장에 취임하였다. 또한 57년 1월부터 이듬해 2월까지 종무원 장이 되어 정화불사에 헌신하였으며, 석우 종정 스님이 입적하자 새 종정에 추대되었다.

62년 4월 11일 통합종단 초대종정에 추대된 효봉 스님은 66년 5월, 거처를 밀양 표충사 서래각으로 옮겨 머무르다가 10월 15일 오전에 단정히 앉은 채 입적하였다.

마지막까지 '무無라, 무라' 하였는데, 이는 평생의 화두로 삼았던 '구자무불성(狗子無佛性 : 개에게는 불성이 없다)' 공안을 깨달은 후에도 한시도 놓지 않았음을 뜻한다. 평소 계율을 철저하게 지키고 제자들을 엄하게 가르쳤는데, 문하에서는 조계총림 초대 방장인 구산 스님을 비롯해 훌륭한 고승들이 많이 배출되었다. 현재 생존해 있는 상좌로는 수필집 『무소유』로 유명한 법정 스님과 법흥 스님이 있으며, 환속한 제자 중엔 시인 고은 씨가 있다.

직접 폐관정진의 귀감龜鑑을 보이며 하늘을 뚫을 한 가닥 향상向上의 길을 투과한 효봉 스님은 오늘날, 무문관 수행자들이 가야 할 길을 오롯이 보여준 위대한 스승이 아닐 수 없다. 제2의 효봉 스님이 무문관을 부수고 나와 국내이든, 국외이든 어디로든 걸림없이 당당한 자유인의 길을 걸어 가며 중생을 교화하는 모습이 기다려진다.

'이 뭣고' 타파로 대문大門
빗장 연 경봉 스님

"어찌나 심하게 졸음이 오고 망상이 일어나든지 공부가 잘 안 되더라. 혼침과 산란을 끊기위해 기둥에다 머리를 받기도 하고 멍이 들도록 허벅지를 꼬집고 얼음을 입 속에 물기도 하였다. 그러나 그것도 그때뿐이었다. '전생의 업장이 얼마나 두텁기에 앉으면 졸고, 졸지 않으면 망상에 빠지는가?' 생각할수록 한심하여 장경각 뒷산에 올라가서 여러 차례 울기도 하였고 고함도 쳐보았다. 다리를 뻗고 울던 그곳을 얼마 전에 가 보았더니 풀만 무성하고 뻐꾸기 소리만 뻐꾹뻐꾹 나더라."

1915년 경봉(鏡峰 · 1892~1982) 스님이 해인사 선원 퇴설당에서 졸음, 망상과 싸우며 용맹정진할 때의 일화다. 불보종찰佛寶宗刹 통도사가 배출한 위대한 선사禪師 가운데 한 분인 경봉 스님은 12년 뒤인 1927년 '이 뭣고?' 화두를 들고 참구하다 마침내 깨달아 '대자유'를 얻게 되기까지, 자기를 극복하고 묵은 업장을 녹이는 뜨거운 눈물을 수도 없이 쏟으며 공부했다.

역대의 선사들과 마찬가지로 경봉 스님도 화두를 참구하며 참선정진을 하는 데 많은 어려움이 따랐다. 특히 망상, 졸음, 혼침, 산란에 지겹도록 시달려서 스스로 용기를 잃고 물러서는 경우가 적지 않았다. 24세에 해인사 퇴설당 선원에서 가진 첫 안거부터 졸음과 망상에 시달리기 시작했으니 좌절감은 더욱 컸다. 망상이 죽 끓듯 하지 않으면 졸음이 밀물처럼 밀려왔고, 그것을 극복하기가 참으로 어려웠으니, 그야말로 죽을 지경이었던 것이다. 스님은 당시 졸음과 망상을 쫓기 위해 얼음을 물거나 머리를 부딪치는 방법을 쓰곤 했다. 스님이 일찍 치아를 버리신 것도 이 때 얼음을 많이 물어 풍치가 생겼기 때문이었다. 하지만 스님은 이런 방법을 쓴 것은 옳은 지도자를 만나지 못했기 때문이라면서, 후학들에게는 이렇게 하지 말 것을 이르곤 하였다. 대신 졸음과 망상을 이기지 못하는 수좌들에게는 가끔씩 '울어라'는 말씀을 하곤 했다. 간절한 마음으로 자기 극복을 위해 흘리는 뜨거운 눈물이야말로 묵은 업장을 녹이고 공부를 돕는 '참 눈물'이라고 일깨워 주었다. 그리고 용기를 잃은 후학들에게 끝을 향한 고삐를 늦추지 말 것을 이렇게 간곡히 당부하곤 했다.

"날이 훤하게 새자면 다시 캄캄해졌다가 밝아지듯이, 참선수행을 하는 것도 이와 같은 것이다. 초목이 추운 겨울에는 꽁꽁 얼었다가도 봄이 오면 다시 잎이 나고 꽃이 피는 것처럼, 우리 수도인들도 뼈를 갈고 힘줄이 끊어지는 듯한 고통을 참아가며 피나는 노력을 해야 온 누리 속에서 홍일점과 같은 찬연한 진리의 광명을 얻을 수 있다. 바다는 온갖 시냇물과 작은 물줄기가 강으로 합해진 뒤에 이루어지는 법이요, 하늘도 맑은 공기가 충만해서 새파랗게 보이는 것이지, 본래 하늘에 푸른 것이 있는 것은 아니지 않은가? 우리가 공부할 때도 졸지 않으면 망상에 시달리게 되지만, 물방울이 비록 작으나 모이고 합쳐져서 큰 바다를 이룬다는 것을 알고 꾸준히 공부하지 않으면 안 된다. 석가여래가 별다른 이인가! 자기도 장부요 나도 그러하니 용기를 내어서 하면 못 이룰 것도 없는 것이다."

- 『현대고승인물평전』 중에서 -

경봉 스님은 참선 수행을 하려면 집에 주춧돌을 놓듯이 먼저 큰 원력願力을 세워서 대신심大信心을 일으키고, 옛 성현들처럼 기필코 자성을 깨우치겠다는 대분발심大憤發心을 내어야 하며, 화두에 대한 큰 의심大疑心을 가져야만 불·조사의 관문을 통과할 수 있다고 늘 수좌들에게 말하였다. 스님은 "이 공부는 철저하게 생명을 걸고 하지 않으면 안 된다."면서 "아무쪼록 한 생生 나오지 않은 요량하고 마음을 비워 열심히 공부해야 한다. 나무칼로 베듯 하지 말고 단박에 결판지을 일이다."고 거듭 간절한 발심을 당부하였다.

늘 공부하는 수좌들을 아꼈던 스님은 팔순의 고령에도 몸소 밤을 새우며 정진의 모범을 보이기도 했다. 선방 수좌들이 잠을 자지 않는 용맹정진에 들어가거나 세 시간만 자는 가행정진加行精進이 시작되면, 스님은 수좌들의 잠을 깨우기 위해 밤새 헛기침을 하거나 한밤중에 과자 봉지를 들고 선방으로 찾아가곤 했다. 조는 사람의 등을 두드려 주고, 과자를 나누어 주면서 간단한 선문답과 격려의 말씀을 들려 주었다. 특히 화두 공부가 잘 안 되어 찾아 오는 수행자가 있으면 스님은 여러 가지 말로 힘을 불어 넣어 주었다. 이를테면, "망상이 일어나거든, '네 이놈, 말만 듣고 다니다가 내 신세가 요 모양 요 꼴이 되었으니 이제는 내 말 좀 들어봐라. 죽나 사나 한 번 해보자' 하고 용맹을 내어야 한다."는 가르침으로 일러 주었다. 스님은 또 참선을 용광로에서 철을 제련하는 과정에 비유하며 이렇게 경책하곤 했다.

"쇠가 아무리 굳어도 열이 3천도가 되면 녹는다. 죽기를 각오하고 주인공(主人公 : 본래면목, 자성)에게 맹세를 하면서 공부를 해도 될듯 말듯한데, 조금만 고통스러워도 못 견뎌 하니 어림도 없는 노릇이다. 졸음이 오면 허벅지를 꽉 꼬집어 비틀어서 잠을 쫓아버리고 용맹을 떨치며 공부해야 한다."

스님은 졸음과 망상을 쫓는 치열한 정진과 동시에 참회와 업장業障 소멸의 중요성을 거듭 강조하곤 했다. 그래서 스님은 "이유 없는 참회는 바보의 행위일지 모르지만, 바보가 될 때 모든 업장은 사라지고 해탈과 자유의 문이 열리는 것이다."며 "바보가 되거라. 사람 노릇하자면 일이 많다. 바보가 되는 데서 참 사람이 나온다."고 후학들을 격려하곤 했다. 특히 스님은 업장을 녹이는 방법의 하나로 마음을 겸양하는 하심下心을 가르쳤다.

"업장을 녹이는 방법이 한 가지 있다. 누가 자기를 보고 잘못 한다고 나무라면 설혹 자기가 잘 했다고 하더라도, '예, 제가 잘못했습니다' 하고 절을 한 번 하면 그 때가 바로 업장이 녹아질 때다. 잘못했다고 나무라는데, '나' 라고 하는 것이 가슴에 꽉 차 있으면 업장이 녹아질 수가 없다. 그만 다 비우고 '내가 잘못했습니다' 라는 한 마디와 함께 아무 생각 없이 절을 하는 그 때가 다겁다생(多劫多生 : 끝없는 생사의 윤회)에 지은 죄악이 막 녹아질 때다."

예로부터, 목숨을 내건 참선 정진의 길에 뛰어들어 도를 깨닫는 분들에게는 뭔가 특별한 계기가 있기 마련이다. 경봉 스님도 예외는 아니었다. 무엇보다도 출가 때부터 품고 있었던 '인생의 4대 의혹' 을 해결하고 싶었던 것이다. 많은 구도자들이 한 번쯤은 품었음직한 네 가지 의문은 다음과 같다.

첫째, 자기가 자기를 모르니, 이 몸을 끌고 다니는 주인공이 무엇인가?

둘째, 뚜렷이 밝고 지극히 신령한 이 마음자리가 어디에 있다가 부모의 태중胎中으로 들어가는가?

셋째, 죽으면 어디로 가는가?

넷째, 죽는 날은 언제인가?

1914년(23세), 스님은 강원을 졸업하고 통도사에서 행정업무를 맡아 보게 되었지만 이러한 '4대 의혹'은 여전히 화두가 되어 머릿속을 맴돌았다. 절밥을 먹고 공부를 하였으니 절집안의 일을 돌보는 것이 당연한 일일 수도 있지만, 스님은 인생의 근본의문을 해결하는 공부가 아닌 절 살림을 사는 일이 그렇게 싫을 수가 없었다. '공부를 해서 도를 깨치고 중생을 교화하는 것이 나의 본분'이라 생각하고 있었으니 일이 손에 잡힐 리가 없었다. 그저 우두커니 자리만 지키고 있을 뿐, 종무宗務를 익힐 생각조차 하지 않고 지냈다.

일찍이 강원에서 경을 보다가, '그물이 천 코 만 코라도 고기가 걸리는 것은 한 코'라는 구절과 '종일토록 남의 보배를 세어도 반 푼어치의 이익이 없다'라는 구절에서 큰 충격을 받은 스님은 강원 일과 중에도 시간을 쪼개어 아침·저녁 30분씩 좌선을 하였다. 그런데 사찰 종무를 보면서, 다시 그 구절이 생각난 것이다. 스님은 마음 깊이 다짐했다. "자기의 본심을 깨닫지 못하면 만 겁의 생사윤회를 면치 못하고, 속가와 불가에 죄만 지을 뿐이다. 나도 이제부터는 일대사一大事를 결정지을 참선 공부를 하리라."

이렇게 분발심을 일으킨 스님은 곧바로 은사 스님께 '참선공부를 하러 가겠다'는 뜻을 밝혔다. 하지만 대답은 한결같이 '안 된다'는 것이었다. 그러나 마음은 이미 정해져 있었다. '36계 중에서도 도망갈 주走자가 제일'이라고 생각하면서, '참선 공부를 하러 떠난다'는 내용의 편지를 은사 스님의 방에 남겼다. 그리고는 통도사 불사리탑 앞으로 나아가 '일대사를 해결 하겠다'는 서원을 세웠다. 1915년 3월 그믐날, 걸망을 챙긴 스님은 통도사를 떠나 본격적인 참선 정진의 길에 들어섰다.

'일대사'를 해결하겠다는 이러한 결심이 섰으면 이제 참선공부를 통하여 참된 주인공이 무엇인지를 찾아야 한다. 그렇다면 참선공부란 과연 무엇인가? 스님은 참선을 이렇게 정의했다. "참선은 도이며, 도는 진리이다. 진리는 인생의 자기 생명을 찾는 일이다. 우리가 목숨을 바쳐서라도 그 마음을 안주시킬만한 안심입명처(安心立命處 : 마음을 평안하게 하고 참생명을 세우는 곳)로 돌아가는 것이다. 어떻게 살아야 잘 사는 것인지, 삶의 문제를 한 번 생각해 보라. 잘 먹고 높은 지위에 오르는 것이 잘 사는 것인가? 그런데 무엇 때문에 사는지, 그 사는 목적마저 아는 사람이 별로 없다. '일을 합네'하고 바삐 지내지만, 죽으면 그만이지 무슨 특별한 자취가 있는가? 무엇 때문에, 무엇을 위해서 사는 것인가? 그 사는 목적이 무엇인가를 깊이 생각해서 참선 수행을 하되, 무어라고 말할 수는 없지만 역력하고 외로운 경지가 눈앞에 나타날 때까지 용맹정진을 해야 한다."

그렇다면, 좀더 나아가서 무엇에 의지하여 참선공부를 해야 하는가? 그 의지처는 바로 화두話頭이다. 화두를 들고 참선공부를 하는 것이다. 경봉 스님은 1천 7백가지나 되는 공안중에서 이 몸 끌고 다니는 주인공을 밝히는 '이 뭣고' 화두와 부모 태중으로 들어가기 전의 본래면목을 밝히는 '부모미생전 본래면목父母未生前本來面目' 화두로 많은 후학들을 지도하였다. 특히 '이 뭣고' 화두에 대해서는 법어집 등에 많은 가르침을 남기고 있다.

"나에게 찾아오는 사람들에게 '이 몸 끌고 다니는 것이 무엇인가?'를 물으면 '모르겠다'고 하는 이가 태반이나 된다. 그리고 어떤 이들은 '마음이요'라고 답한다. 그래서 '마음이 어떤 것이냐?'고 물으면 '모르겠다'고 한다. 또 어떤 사람은 '정신' 또는 '혼'이라고 대답을 하지만, 정신이 어떤 것이고 혼이 무엇이냐고 물으면 역시 모른다고 대답한다. 그러니 무엇이 이 몸을 끌고 다니는지를 모르고 있는 것이다. 이 몸은 이론적으로, 과학적으로, 생리적으로, 철학적으로 따져 봐야 부모로부터 나온 물건이다. 결국 남의 물건을 받아가지고 끌고 다니는 것일 뿐, 이 몸이 진짜 주인공은 아니다. 이 몸을 운전하는 운전수가 바로 참된 나인 것이다. 남의 차를 잠시 얻어 타도 운전수가 누구인지를 알아보기 마련인데, 이 몸을 수십 년이나 끌고 다니면서 주인공을 모르고 있으니 될 말인가!"

스님은 '마음', '정신', '혼' 등의 거짓 이름에 속지 말고 오로지 지극한 의심으로 '이 뭣고' 화두를 타파하라고 하였다.

"밥 먹고 옷 입고 대·소변 보고 산 송장 길 위에 끌고 다니는 주인공이 무엇인가?"

"이 몸 끌고 다니는 주인공이 무엇인가?"

"이 무엇인고?"

"뭣고?"

"?"

이와 같이 끊임없이 스스로에게 묻되 고양이가 쥐를 잡듯이, 닭이 알을 품듯이, 배고픈 아기가 엄마 젖을 찾듯이 하면 반드시 큰 깨달음을 얻게 된다고 하였다.

그러나 생각으로 헤아리거나 관법觀法조차도 용납하지 않는 이 화두를 참구하는 사람들 중에는 자꾸만 '이 뭣고, 이 뭣고' 하며 입으로만 외우기도 한다. 스님은 절대로 그렇게 해서는 안 된다고 하였다. 또 밥 먹을 때는 '밥 먹는 이것이 무엇인고?', 옷 입을 때는 '옷 입는 이것이 무엇인고?', 걸을 때는 '걷는 이놈이 무엇인고?' 하면서 화두를 드는 사람이 있는데, 이렇게 해서도 안 된다고 하였다. 다만, 밥 먹고 옷 입고 앉고 서고 산 송장을 길 위에 끌고 다니는 이것 모두가 '이 무엇인고?' 라는 의문 속에 오로지 함께 들리게끔 하여야지, 요리조리 따지려 드는 것은 절대 금물이라고 강조하였던 것이다.

게다가 스님은 수행에 전념할 수 없는 재가신도들에게도 화두를 참구할 것을 항상 권장했다. "호흡만 떨어지면 죽게 되고, 죽으면 곧 내생인 것이다. 우리가 사는 것이 전부 남의 다리 긁는 것과 같은 것이니, 마음을 뜻대로 하려면 나를 찾아야 하고, 나를 찾으려면 정신을 통일해야 한다. 우리들의 생활은 무척 바쁘고 고되다. 아무리 바쁘더라도 마음을 찾아 보겠다는 생각만 있으면 정신통일을 시도해 보는 것이 그렇게 어려운 것만은 아니다."

스님은 "1시간 또는 30분이라도 좋으니, 조금씩 매일 화두를 들어야 한다. 이것이 계속되면 자신도 모르게 정신이 집중되고 무어라 표현할 수 없는 묘妙를 얻게 된다."며 재가 신도들을 지도했다. "비록 견성성불은 못하더라도, 정신이 집중되면 관찰력과 판단력이 빨라지고 기억력이 좋아지고 하찮은 생각이 바른 생각으로 돌아서고 몸에 병이 없어지고 맑은 지혜가 나서 사농공상士農工商의 경영하는 모든 일들이 다 잘 되게 된다."면서, 재가자들도 참선할 것을 적극 권장하였던 것이다.

경봉 스님은 1892년 4월, 경남 밀양에서 태어나 일찍이 한문 글방(私塾)에서 한학을 공부하다가 어머니 안동 권씨가 일찍 세상을 떠나자 16세의 나이에 인생무상人生無常을 절감하고 통도사 성해 스님을 은사로 삭발 출가하였다. 이후 경학經學이나 사찰소임에는 뜻이 없고 오로지 참선수행에만 마음을 두었다.

내원사의 혜월 스님을 찾아 법을 물었으나 마음 속의 의문을 해결 할 수 없었던 스님은 해인사 퇴설당으로 가서 정진한 뒤, 금강산 마하연, 석왕사 등 이름난 선원을 찾아다니면서 공부하였다. 이러던 중, 스님은 김천 직지사에서 만난 만봉 스님과의 선문답에 힘입어 '자기를 운전하는 소소영영昭昭靈靈 한 주인'을 찾을 것을 결심하고, 통도사 극락암으로 자리를 옮겨 3개월 동안 장좌불와하면서 정진을 계속하였다. 이와 함께 화엄산림법회華嚴山林法會에서 법주法主 겸 설주說主를 맡아 철야로 불사하고 정진하던 중, 4일 만에 천지간에 오롯한 일원상一圓相이 나타나는 경지에 이르렀다. 그러나 일물一物에 얽힌 번뇌가 완전히 없어지지 않았음을 스스로 점검하고 다시 화두話頭를 들어 정진하다가 1927년 11월 20일 새벽에 방안의 촛불이 출렁이는 것을 보고 크게 깨달았다. 스님은 당시, 깨달음의 심경을 이렇게 노래했다.

내가 나를 온갖 것에서 찾았는데	我是訪吾物物頭
눈 앞에 바로 주인공이 나타났네	目前卽見主人樓
허허, 이제 만나 의혹이 없으니	呵呵逢着無疑惑
우담발라화 꽃빛이 온 누리에 흐르네.	優鉢花光法界流

마침내 대자유를 얻은 스님은 통도사 주지를 역임하면서 중생교화와 가람 중창불사에 헌신하였고 통도사 산내 암자인 극락선원의 조실로 머물면서 수 많은 눈푸른 납자들을 제접하였다.

1982년 7월 17일, 스님은 세수 91세, 법랍 75세로 열반에 들었다. "나 죽은 뒤 내 모습이 보고 싶다면…. 야반삼경(夜半三更 : 밤 11시에서 새벽 1시 사이)에 대문 빗장을 만져 보거라." 이 유명한 마지막 한마디를 제자들에게 남기며, 이번 생의 인연을 접은 것이다.

10년 동안 동구불출洞口不出한
성철 스님

"공부가 아무리 잘 되는 것 같아도 꿈에 되지 않는 공부는 공부라고 말할 수 없다. 꿈에도 공부를 안 할래야 안 할 수 없게 될 때 비로소 공부를 조금 하게 되는 것이다. 아무리 크게 깨쳐서 법을 다 알아도 잠들어 캄캄하면 죽어 몸을 바꾼 뒤에는 다시 캄캄하여 생사고를 도로 받게 된다. 아무리 잠이 깊이 들어도 밝음과 어둠을 뛰어 벗어난 절대적 광명이 항상 밝아 있는 사람이라야 천만 번 몸을 바꾸어도 영원토록 부수어지지 않아 생사고를 받지 않고 큰 자유와 활동력이 있다.

이 절대적 광명은 천만 부처가 설명할래야 설명할 수 없으며 가르쳐 줄래야 가르쳐 줄 수 없다. 오직 공부를 하여 이것을 깨친 사람만이 아는 것이다. 참으로 묘하고 깊은 이치이다. 잠들어도 항상 밝아있는 절대적 광명을 얻기 전에는 화두는 도저히 알 수 없는 것이다. 그 전에 혹 아는 생각이 나더라도 그것은 바로 안 것이 아니니 그런 생각을 버려야 한다."

- 『퇴옹 성철대선사의 생애와 사상』 중에서 -

위의 법문은 제 6~7대 조계종 종정을 역임한 '가야산 호랑이' 성철(1912~1993) 스님이 말씀하신 화두공부의 삼분단三分段이다. 동정일여, 몽중일여, 숙면일여 그것을 거쳐서 확철대오해야 견성이며, 그것이 돈오돈수의 경지라는 확고한 원칙이다. 성철 스님은 이러한 철저한 화두참구의 원칙을 일관하며 평생 오매일여寤寐一如한 경지에서 용맹정진한 무문관 수좌의 사표이다.

'산은 산 물은 물'이란 법어로 현대인에게 올바른 삶과 깨달음을 일깨운 성철 스님은 철저한 계행과 일반인들에게도 감동을 불러일으키는 법어로 한국 불교를 대내외적으로 알리는데 공헌했다. 청담, 자운, 월산 스님등과 함께 일으킨 봉암사 결사나, 성전암에서 8년간의 장좌불와 수행, 그리고 종정 추대 때도 산문으로 나오지 않을 만큼 동구불출(洞口不出 : 산문 밖을 나가지 않음)의 정진으로 일관해 한국 현대 간화선의 선풍禪風을 크게 진작시킨 고승이다.

1912년 경남 산청군 단성면 묵곡리에서 아버지 이상언, 어머니 강상봉의 7남매 중 장남으로 출생했다. 어려서부터 한학을 배워 문리文理가 난 성철 스님은 동·서양의 철학과 사상 서적을 탐독하던 독서광이었다. 어느 날 우연히 어떤 스님에게서 영가 대사의 『증도가』를 얻어서 읽게 된 스님은, 그 책을 읽는 순간 마치 캄캄한 밤중에 밝은 횃불을 만난 듯했다.

"아, 이런 공부가 있구나."

스님은 그길로 바로 대원사로 간다. 대원사 주지 스님의 배려로 그 곳에서 작은 방 하나를 얻었다. 그러고는 스스로 인생의 근본 문제를 풀기 위한 참선 길에 들어갔다. 스님은 누구의 가르침도 없이, 사람들이 가고 오는 것도 모른 채, 밤낮으로 정진하였다. 한 번 결심하면 번복하거나 멈추는 일없이 그대로 실행하는 태산 같은 의지로 정진하여 삼매에 드니, 대원사의 다른 스님들이 오히려 혀를 내두르며 속인인 스님을 어려워 할 정도였다.

성철 스님은 '무無자' 화두를 들고 참선에 몰입해 곧바로 힘을 얻었다. 그 때 정진에 든 지 40일만에 마음이 다른 데로 도망가지 않고 동정일여(動靜一如 : 움직이거나 고요할 때 한결 같음)의 경지에 들어가게 되었다고 한다.

한 속인이 이렇듯 훌륭하게 정진하고 있다는 소문은 곧 대원사 본사인 해인사로 전해졌다. 그리하여 36년 초겨울에 성철 스님은 김법린, 최범술 스님 등 해인사 큰스님들의 권유로 해인사로 간다. 그 무렵 해인사에는 당대의 선지식인 동산 스님이 백련암에 머물고 있었다. 성철 스님을 본 동산 스님은 곧 큰 그릇임을 알아차리고, 퇴설당에 자리를 마련해 주며 출가를 권하였다. 성철 스님은 처음에는 참선만 잘하면 그뿐이지 승려가 될 생각은 조금도 없었다. 도를 이루는 것이 중요하지 형식이 무슨 소용이겠느냐 하는 생각에서였다. 그런데 결제날 동산 스님의 법문은 성철 스님의 마음자리에 불법佛法의 씨앗을 심어 놓았다.

"여기 길이 있다. 아무도 그 비결을 말해 주지 않는다. 그대 스스로 그

문을 열고 들어가기까지는, 그러나 그 길에는 문이 없다. 그리고 마침내 길 자체도 없다."

성철 스님은 마침내 출가를 결심하여 37년 3월, 동산 스님을 은사로 계를 받는다. '이영주'라는 속인의 옷을 벗고 '성철'이라는 법명으로 거듭난 스님은 용성, 동산, 성철로 이어지는 한국 불교계의 큰 산맥을 잇게 된다. 그 무렵 한국 불교는 일본의 식민지 정책에 의해 승풍이 흐트러질 대로 흐트러져 있었다. 이에 스님은 피폐해진 이 땅의 불교 속에 참선으로써 진리의 문을 열리라는 서원을 세우고, 여러 이름난 선원을 다니며 화두 삼매의 선정에 들어갔다. 동산 스님을 따라 범어사 금어선원에서 하안거 한 철을 난 성철 스님은 범어사 산내 암자인 내원암으로 가서 용성 스님을 시봉하기도 했다.

그 뒤 동화사 금당선원으로 가 하안거 정진할 때 스님에게 드디어 깨달음의 기연이 다가왔다. 대원사 시절부터 계속해서 지녀온 무자 화두를 들고 선정을 닦던 스님은 삼매 중에 문득 깨달음을 얻었다. 그 동안 참선 정진하는 틈틈이 여러 조사어록을 섭렵하면서도, 오매일여로 잠시도 화두를 놓지 않던 스님은 마침내 칠통 같은 어둠을 깨뜨리고 자기의 본래 성품을 본 것이다. 1940년 여름, 스님 나이 스물아홉일 때이다. 스물여섯살에 출가하여 불과 3년 만에 깨달음의 법열法悅을 맛본 스님은 이렇게 오도송을 읊는다.

황하수 서쪽으로 거슬러 흘러
곤륜산 정상에 치솟아 올랐으니
해와 달은 빛을 잃고 땅은 꺼져내리도다.
문득 한 번 웃고 머리를 돌려 서니
청산은 예대로 흰구름 속에 섰네.

성철 스님은 깨달음을 얻은 뒤 당신의 경지를 점검하기 위해 운수납자의 여정에 오른다. 처음 발길이 가 닿은 곳은 송광사였다. 그 곳에서 하안거를 보내며 보조 스님의 저서를 독파한 스님은, 그 뒤로 금강산 마하연사, 수덕사 정혜사, 은해사 운부암, 도리사, 복천암 등지로 옮기면서 당대의 선지식들을 참방하면서 한결같은 자세로 정진을 이어갔다. 평생의 도반이 된 자운 스님, 청담 스님을 처음 만난 것도 이 무렵이었다. 나라 안 곳곳의 선원과 암자를 다니는 동안 성철 스님은 깨달음에 대한 '인가印可'라는 절차가 참으로 가볍게 이루어지고 있음을 보았다. 그 무렵 수행자들은 철저한 깨달음의 경지도 없이 만행이나 기행을 흉내내기가 일쑤였다. 당시의 선지식들에 대해서도 거듭 실망한 끝에, 결국 성철 스님은 당신의 깨달음에 대해 누구에게서도 인가를 구하지 않게 되었다.

그러는 사이에 성철 스님의 기봉機鋒과 다문박식은 제방 선원에서 명성이 자자해졌다. 특히 지금도 널리 회자되고 있는 '장좌불와長坐不臥' 수행은 수좌계에서도 큰 화제가 되었다. 눕지도, 자지도 않는 장좌불와 정진은 동화사 금당에서 견성한 뒤로 여덟 해 동안 줄곧 이어졌다. 스님은 그 여덟 해 동안에 밤중에도 잠은 커녕 졸음으로 고개 한 번 떨구어 본 적이 없었다고 한다.

어느 때인가 도봉산 망월사에서 하룻 밤을 지낼 때다. 그날 밤도 여느 때처럼 장좌불와로 밤을 지새는데, 마침 망월사에 머물고 있던 춘성 노스님이 "저 철 수좌가 정말 소문대로 눕지도 않고 졸지도 않으면서 좌복 위에 꼿꼿이 앉아 지새는가?" 하여 문에 구멍을 뚫고 날이 새도록 지켜보았다고 한다. 과연 소문대로 좌복 위에서 꼼짝도 않고 정진하는 모습을 보고는 크게 감탄하여, 그 때부터 춘성 노스님도 환갑이 다 된 나이에 장좌불와 수행을 열심히 하였다고 전한다.

그러던 중 일제로부터 나라가 해방되었다. 성철 스님과 청담 스님은 많은 이야기를 나누었고, 문경의 희양산 봉암사로 함께 거처를 정했다. 성철 스님은 "이 좋은 도량에서 함께 열심히 정진하자."며 울산에 머물고 있던 향곡 스님도 봉암사로 불러들였다. 불법을 바로 세우려는 스님들의 청정한 의지가 바로 이 희양산 산자락에서 처음 태동된다. '부처님 법대로 살자'는 기치를 내걸고 시작한 '봉암사 결사'가 그것이다. 성철 스님이 이끈 봉암사 결사는 선종 본디의 종풍을 살리고 옛 총림의 법도를 이 땅에 되살리자는 것이었다. 이에 뜻을 같이하는 젊은 수좌들이 전국에서 모여드니 청담 스님과 향곡 스님을 비롯하여 자운, 월산, 우봉, 보문, 성수, 도우, 혜암, 법전 스님 등 모두가 뒷날 한국 불교를 이끌어 나간 굳건한 동량들이었다. 그들 가운데서 뒤에 종정 두 명과 총무원장 세 명이 나왔을 뿐 아니라 여러 선방의 조실로 종단의 지도자가 되지 않은 스님이 없었다. 그런 전통이 있기에 봉암사는 지금도 조계종 특별선원으로서 일반 사람의 발길을 막아 산문을 굳게 걸어 잠그고서 결제와 해제가 따로 없을 만큼 꼿꼿한 선풍을 지키고 있는 것이다.

그러나 모처럼 이루어진 이 중흥 불사는, 안타깝게도 한국전쟁 직전에 희양산 일대가 좌익, 우익의 전략 거점으로 짓밟히면서 몇 해 되지 않아 무산되고 만다. 이에 성철 스님은 월내의 묘관음사에 이어 통영 은봉암에 얼마 동안 머문다. 그러다가 안정사 앞 골짜기에 초가 세 채로 된 토굴을 짓고 천제굴이라고 이름하여 그곳에 주석한다. 스님은 이 곳에서 처음으로 신도들에게 그 유명한 삼천배를 시키기 시작했다. 스님을 만나려면 젊은이든 노인이든 재벌이든 장관이든 누구 할 것 없이 먼저 부처님 앞에서 삼천배를 해야 했다. 절은 그 행위 자체가 참회요, 공덕인 수행의 기본이었다. 성철 스님은 신도들에게 기도를 통한 참회와 수행을 철저히 가르치는 한편, 당신 스스로도 평생을 두고 하루도 빠짐없이 일체 중생을 위한 백팔배 참회 기도를 함으로써 수행의 모범을 보여주었다.

55년 겨울, 스님은 대구 팔공산에 있는 파계사 성전암으로 거처를 옮기고는 그뒤로 십년 동안 한 번도 바깥으로 나오지 않았다. 10년에 걸친 동구불출洞口不出, 8년 장좌불와에 이은 또 하나의 용맹정진을 몸소 보여준 것이다. 스님은 퇴락한 성전암을 수리하고는 그 둘레에 철조망을 둘렀다. 그렇게 둘러친 철조망 안에서 일체의 바깥 출입을 삼가면서 스님은 차곡차곡 한국 불교의 앞날을 준비하였다. 수많은 불경과 조사어록을 열람함은 물론, 과학과 수학 같은 학문에 대해서도 깊이 연구하였다. 바깥에서는 소위 '불교정화'라는 이름으로 대처승과 비구승의 투쟁이 한창일 때, 스님은 시류를 멀리한 채, 한국 불교의 진정한 내적 정화를 위해 든든한 징검다리를 놓으며 뒷날의 독보적인 불교이론과 실천 논리를 확립하고 있었다.

65년 10년만에 성철 스님은 마침내 굳게 닫은 성전암 문을 열고 나온다. 그 길로 김용사에서 대중들을 모아 놓고 스님의 사상을 거침없이 토해 내기 시작하니, 그것이 대중 앞에서 한 최초의 법문이었다. 자운 스님은 성철 스님을 설득해 곧바로 해인사의 백련암으로 모셔갔다. 봉암사에서 결사의지를 되살리며 자운 스님은 청담 스님과 함께 해인사를 총림으로 키우는 데에 뜻을 모았고, 스님은 그 뜻을 받아들여 67년 해인총림의 초대 방장으로 취임 하였다. 그해 겨울, 성철 스님은 해인사 대적광전에서 법석을 열어 사부대중을 위해 하루 두 시간씩 일백일 동안 법문을 하니 그것이 바로 그 유명한 '백일법문'이다. 스님은 '백일법문'을 통해 흐트러진 불교교리를 정리하여 집대성하고 조계종의 법맥을 바로잡는 동시에 선종의 핵심 사상에 대해서 당신의 견해를 명확하게 보여주었다. 즉, 불교의 진리가 선과 교를 통해서 중도에 있음을 밝히고 선종의 종지는 돈오돈수에 있음을 천명한 것이었다.

"부처님이 뭐라고 했냐 하면, 나는 모든 양변兩邊을 버린 중도를 깨달았다. 이렇게 선언을 했어요. 양변을 버리니, 곧 생멸生滅도 버리고, 나고 죽는 것(生死)도 버리고, 있고 없는 것(有無)도 버리고, 착하고 악한 것(善惡)도 버리고, 옳고 그른 것(是非)도 다 버렸으니, 선도 아니고 악도 아니고 유도 아니고 무도 아닌 것이 무엇이냐, '절대' 다 이 말이여. 그래서 나는 상대 세계를 모두 버리고 절대의 세계를 성취하였는데, 이것이 바로 해탈성불이야. 생각해 보아라. 너희는 고행주의 아니냐. 또 세상은 모두 환락주의 아니냐. 너희들은 환락을 버리고 고행을 하니 가장 착한 것 같지만 변邊은 둘 다 똑같다. 결국은 참으로 해탈을 하려면 고행도 버리고 환락도 버려야 한다."

— 『백일법문』 중에서 —

주로 백련암에 주석한 성철 스님은 해인사 3, 4, 5대 방장을 역임하면서 서릿발 같은 해인사 선풍의 기틀을 다집있다. 하인거니 동안기기 되면 성철 스님은 백련암에서 걸어서 20분 거리의 선원으로 하루에 한 번씩 불시에 점검을 나왔다고 한다. 지금의 선원인 소림원이 개원하기 전에는 조사전, 퇴설당, 선열당을 상上선원, 중中선원, 하下선원으로 각각 이용했다. 선열당에서는 하루 10시간 일반정진과 14시간 가행정진을 했고, 퇴설당에서는 14시간 가행정진, 조사전에서는 24시간 용맹정진과 가행정진을 번갈아 했다고 한다.

성철 스님은 해인사 방장뿐 아니라 조계종 6, 7대 종정을 역임하면서 한국 현대불교의 기반을 확고히 했다. 거듭되는 고사에도 불구하고 주변의 요청에 못이겨 스님은 81년 1월 20일, 제6대 종정으로 추대 되어 '산은 산, 물은 물'이라는 법어를 내려 세간의 화제가 되었다.

원각圓覺이 보조普照하니
적적寂과 멸滅이 둘이 아니라
보이는 만물은 관음觀音이요
들리는 소리는 묘음妙音이라
보고 듣는 이밖에 진리가 따로 없으니
아아, 시회대중時會大衆은 알겠는가
산은 산이요 물은 물이로다.

조계사에서 열린 종정취임 법회는 물론 일체의 외부활동 없이 가야산에만 머물던 스님은 93년 9월에 당신의 저서인 『성철 스님 법어집』 11권과 선종의 종지를 담은 『선림고경총서』 37권이 완간되는 것을 보고 나서 두 달만인 그해 11월 4일 아침에 열반하였다. 퇴설당에서 혜암, 법전, 원융, 원택, 불필 스님 등이 지켜보는 가운데 법랍 59년, 세수 82세를 일기로 파란만장한 구도의 여정을 마치고 문없는 문으로 들어간 것이다.

성철 스님은 임종게臨終偈에서 다음과 같은 노래를 남겼다.

'일생동안 남녀의 무리를 속여서
 하늘을 넘치는 죄업이 수미산을 지나친다.
 산 채로 무간지옥에 떨어져서
 그 한이 만 갈래나 되는지라
 둥근 한 수레바퀴 붉음을 내뿜으며
  푸른 산에 걸렸도다.'

50년 장좌불와 長坐不臥한 청화 스님

"큰스님, 얼마만큼 부처님을 그리워해야 합니까?"

"옆에 있는 사람들로부터 저 사람 미쳤다는 소리를 들을 정도가 되어야 합니다."

"큰스님께서는 외로운 토굴생활이 마땅하신가요?"

"공부하다 보면 감사한 마음이 끝이 없어서 계속하여 눈물이 납니다. 수건 두 개를 걸어놓고 공부하고 있습니다."

"염불을 권하시는 이유를 말씀해 주십시오."

"염불은 제일 하기 쉬우면서도 공덕 또한 많습니다. 그리고 무엇보다도 더 빨리 초승超乘할 수가 있습니다."

"토굴 생활이 적적하실 때가 있으신지요?"

"바람이 있고 달이 있습니다. 하늘에서는 신묘한 음악이 흐르고 있습니다. 그 이상의 행복이 어디 있겠습니까?"

(1982년 백장암에서 자훈 박병섭 거사가 청화 스님께 한 질문)

반세기동안 장좌불와와 하루 한 끼 식사 등 투철한 수행과 무소유를 실천한 당대의 선승. 선禪은 물론 현대의 철학과 자연과학까지 아우르는 폭넓은 사상을 바탕으로 불교수행의 회통會通을 주장한 원통圓通불교의 주창자. 한없이 겸허한 마음으로 찾아오는 모든 이의 고통을 어루만진 성자. 청화 큰스님을 설명할 때마다 등장하는 수식어들이다.

청화 스님은 "금생 세연이 다했으니 이제 가련다." 라며 2003년 11월 12일 곡성 성륜사에서 열반했다. 스님은 그 이전에 "올 때도 빈손이었는데 마지막 가는 길을 호화롭게 할 필요가 없다. 그냥 거적때기에 말아서 일반 화장터에 가서 태운 뒤 그냥 뿌려라. 그렇게 해서 장례비용이 다소 남으면 불우이웃 돕기에 사용하라."고 유지를 남겼다. 스님에게는 스님들이 마지막 가는 길에 누구나 다 하는 다비식도 사치스러운 것이었다.

청화 스님의 구도를 향한 초인적인 수행 방법은 생명을 내건 것이었다. 그중 일반인들에게 특히 관심을 끄는 부분은 잠과 식사의 절제에 관한 부분이다. 생식가루 한 되로 100일 동안 엄동설한을 났다는 이야기. 하루 한 끼의 식사로 앉으면 자꾸만 굽어지는 허리를 펴기 위해 포대로 기둥에 허리를 묶고 참선한 이야기. 겨울 산 속, 불도 없이 석달 동안 먹지도 자지도 않으면서 수행한 이야기. 겨울 한밤 중 일어나는 번뇌·망상을 다스리기 위해 머리에 찬물을 끼얹고는 얼굴과 온 몸에 고드름이 언 채로 수행 정진하던 일화 등등.

스님은 실제로 50여년 동안 병환이 나지 않는 한 눕지 않는 장자불와를 실천했다. 또한 열반에 드는 날까지 하루 한 끼의 식사 외에는 하지 않았다. 입적하는 날까지 80의 노구에 형형한 눈빛을 빛내던 스님은 당신의 고행에 대해 정신과 육체에 모두 이로운 일이었다며 "잠을 자지 않고 하루 한 끼만 먹어도 감기 한 번 걸리지 않았다."고 말씀하시곤 했다. 스님은 인간의 가장 기본적인 욕망일 수 있는 음식과 잠의 문제를 해결해 신체의 리듬을 마음대로 조절할 수 있는 경지에 이르렀고, 마침내 삶과 죽음을 넘어서는 대자유의 경지에 도달했던 것이다. 스님의 일대기를 정리한 『성자의 삶』(사회문화원)에는 청화 스님이 당신의 토굴 수행을 자세히 회상하는 말씀이 이렇게 기록되어 있다.

"몸뚱이도 분명 내 마음이 머물고 있는 집이라서 너무 무리하면 그만치 장애가 된다. 그러나 고집을 부리고 장좌불와 한다고 버티며 토굴 생활을 그래저래 30년을 했다. 수행자로는 꽤 많이 한 편이다. 또한 토굴 생활이라는 것은 혼자이니까 저절로 묵언을 하게 된다. 한 4년 동안 오로지 묵언을 지키고 안 나오기도 했다. 묵언도 나같이 많이 한 사람은 드물 것이다. 그리고 먹는 것은 낮 한 때인데, 아궁이에 불을 땔 때는 밥을 해서 먹기도 하지만 반찬은 깨와 소금을 볶아 섞은 것이나 김가루를 간장으로 버무린 것이 고작이었다. 사실은 그런 정도가 아니라 미숫가루만 먹고 석 달 동안을 지내기도 했다. 그것도 결제 들어갈 때 짐도 무겁고 하니까 서너 되나 되는 미숫가루로 한철을 지내기도 했다. 미숫가루를 물에 타서 하루에 한 컵씩 먹고 석 달 동안을 지낸 것이다. 그리고 어떤 때는 하루에 둥글레 가루 한 스푼을 물에 타 마시며 석달 동안 지냈다. 또한 어떤 때는 생쌀을 물에 불렸다가 한 숟갈씩 먹기도 하였다. 하여튼 내 토굴 생활이라는 것은 표현하자면 비참한 생활이었다. 그래서 어떤 때는 내가 내 몸뚱이를 너무나 학대하지 않는가 하여 몸에 대하여 가엾은 생각을 하기도 했다. 그러나 나에게는 다분히 유익했다고 본다. 그리고 어느 정도 공부에 힘을 얻어야 그렇게 할 수 있다는 생각이 든다. 그러나 내가 철두철미하게 다 바르게 살았다는 것은 아니다. 요즈음에는 나같이 토굴 생활을 하려는 사람은 거의 없다. 그래서 권고할 생각은 없다."

청화 스님은 1923년 무안의 부유한 집안에서 태어났다. 속명은 강호성. 14세에 일본에 건너가 5년제 중학을 졸업했고 귀국해서는 교육사업에 뜻을 두어 광주사범학교를 졸업했으며 고향에 망운중학교를 세우고 잠시 교편을 잡았다. 해방 후인 47년(24세) 장성 백양사 운문암에서 근대의 숨은 도인으로 알려진 금타 화상을 은사로 출가를 결행한다. 이후 무안 혜운사, 두륜산 진불암, 지리산 백장암과 벽송사, 구례 사성암, 용문사 염불선원, 보리암 부소대, 부산 혜광사, 두륜산 상원암, 월출산 상견성암, 지리산 칠불사 등 전국의 토굴을 오가며 수행정진에 매진했다. 남이 보건 보지 않건, 평생 하루 한 끼 공양을 실천하고 눕지 않는 수행을 보여 온 것은 물론이다.

64년 지리산 벽송사에서 31킬로미터 쯤 떨어져 있는 두지터 산정山頂

옛 암자자리에서 청화 스님은 산죽과 억새로 막을 짓고 한 겨울을 지냈다. 이 때의 상상을 초월한 고행을 제자인 성본 스님은 이렇게 증언한다.

"큰스님께서는 두지터에 대나무와 억새풀로 임시 처소를 만들어 극도의 고행 정진을 하셨다. 한 겨울 지리산 높은 곳에서 더욱이 생식하시며 불을 때지 않은 바위에 앉아계시니 상상이나 되는가. 큰스님은 가부좌하고 계셨는데, 온 몸이 얼어서 얼굴은 검푸르다 못해 새까맣게 변해 있었다. 그런데 큰스님께서는 정작 맑고 온화한 모습으로 그렇게 편안히 대하셨다. 순간 가슴이 미어지더라. 큰스님께서 나를 보고 일어서시는데 다리가 펴지지가 않았다. 그래서 얼른 주물러 드리니까 '괜찮네, 괜찮네' 하시며 손수 몸을 쓰다듬으시며 일어나셨다. 나도 모르게 눈물이 흘렀다. 성자의 길을 간다는 것, 갈 수 있다는 것은 아무나 할 수 있는 일이 아님을 알았다."

이러한 용맹정진 이후, 오산 사성암에서 청화 스님은 물러섬이 없는 수행 경지인 불퇴전지不退轉地에 드신 것으로 알려져 있다. 청화 스님은 60년대 중·후반 이후 세 번에 걸쳐 이곳에 주석하면서 '안 자고 안 눕고 하루 한 끼만 드시고' 초인적인 신심으로 몸을 던져 공부하셨다. 사성암에서 보인 스님의 초인적인 용맹정진은 제자들에게 가슴시린 수행담으로 전해지고 있다. 특별한 일화 한 토막을 소개하면 이렇다.

암주 보살은 홑겹옷을 입은 청화 스님이 걱정되어 이불을 가지고 올라가 보면, 한겨울 바위틈에서 나오는 찬 샘물을 받아 아주 천천히 머리에서부터 붓고 계시는 모습을 보았다. 죄스러워 혼비백산으로 내려와 멀리서 냉수 붓는 소리를 들으면서 암주보살은 이렇게 외쳤다고 한다. "독하신 어른, 천하에 강하신 어른, 30년 동안 이 암자를 지키고 살았어도 저렇게 한 겨울 찬물 부으며 공부하시는 스님은 처음 뵙는구나." 하고 경탄하면서 얼마나 추우실까 생각해서 소리내 울면서 내려왔다는 것이다.

1970년 청화 스님은 전남 장흥군 부산면 심천리에 삼칸 능엄사(현 금선사)를 창건하고, 장좌불와한 채 둥글레 뿌리로 만든 한됫박 남짓한 가루로 6개월을 넘겼다. '먹지 않아도 기쁨을 느끼는 모습'(無食喜樂)을 도반들 눈앞에서 보여준 것이다.

이어 청화 스님은 78년 전남 영암 월출산 도갑사 견성암에서 3년 결사로 안거하였다. 해인주(김안순) 보살의 증언이다.

"큰스님은 상견성암에 계실 때도 무엇을 통 안 드셨다. 냄비에 밥을 하다보면 까딱 실수로 태우기 쉽고 그러면 쌀 아까워, 씻기 사나워 참 고약스럽다고 하셨다. 거기에 금쪽같은 공부 시간이 흐트러진다는 것이다. 그래서 큰스님은 물에 불린 생쌀하고 솔잎을 드셨다. 그러다 그만 치아가 다 못쓰게 되어버렸다고 그러시더라. 그 말씀을 듣자마자 바로 미숫가루를 해 가지고 갔는데, 기척이 없었다. 서운한 마음으로 서 있는데, 땔나무를 해 가지고 내려 오시더라. 육십이 가까운 큰스님의 그 모습을 보니 왈칵 눈물이 나왔다. 그 와중에도 큰스님께서 얼른 보따리를 받아서 그대로 부처님 앞에다 놓고 기도를 해주시더라. 공양도 안 드시고…. 울면서 산을 내려왔다."

그렇다면 이렇게 토굴수행을 꼭 할 필요가 있는 것일까. 대중수행을 하지 않고 토굴수행을 선택하는 까닭은 무엇일까? 청화 스님의 다음 말씀을 들어보면 그 이유에 고개가 끄덕여진다.

"삼매를 수행할 때 인연조건이란 독처한거獨處閑居라. 우리가 대중적으로 공부할 때는 사실 오로지 삼매에 들기는 좀 어렵다. 왜냐하면 주변 조건에 관심을 둬야 하니까. 우리가 보살심으로서 더불어 닦는다고 생각할 때는 모르거니와 정말로 내가 꼭 며칠 동안에 깨달아야 겠다고 비장하게 마음 먹을 때는 한가한 독처에서 지내면서 수행하는 것이 바람직하고 효과적이다."

– 『성자의 삶』 중에서 –

청화 스님은 공부를 해서 마음이 일념이 되면 '몸도 마음도 쑥 빠져버리는'(身心脫落) 환희가 충천하는 기분이 된다고 한다. 자기 몸에 대해서 부담이 없을 때 마음은 더욱 더 맑아지고 천지·우주 모두가 생명으로 보여 참다운 행복을 찾을 수 있다는 말씀이다. 그러다가 정말로 빛을 보고 몸이 가벼워지면 유연선심(柔軟善心 : 부드럽고 선한 마음)이 되어 착한 마음이 차근차근 깊어진다는 것이다.

청화 스님은 우주에는 빈틈없이 청정한 적광(寂光 : 고요한 빛)이 충만해 있음을 확신하며 지혜와 선정이 같이 어우러진 공부에 성심을 다했다. 생각생각 부처님의 본 성품을 놓치지 않고 안팎으로 충만한 광명자리를 염불, 참선으로 참구하였다. 위대한 생명을 그대로 믿고 몸도 마음도 잊은 채 천지·우주의 섭리에 따른 것이다. 이미 성품을 보아 활연대오豁然大悟하였음에도 불구하고, 일생을 장좌불와로 보임한 까닭도 여기에 있다.

"견도여파석見道如破石이요, 우리가 진리의 이치를 깨닫는 것은 돌을 깨는 것과 같다. 마치 돌을 깰 때는 순간에 파삭 깨듯이, 견도할 때도 문득 활연대오해서 훤히 깨달아 버려야 한다. 하지만 수도여우사修道如藕絲라, 우리가 연뿌리를 딱 부러뜨리면, 연뿌리라는 것이 실이 있어서 그냥 안 부러뜨려진다. 끈끈하니 실이 나온다. 그와 똑같이, 수도할 때도 쉽지가 않다. 수도도 돌 깨듯이 되는 것이 아니라, 습기를 녹일 때는 오랫동안 두고 두고 녹여야 한다는 말이다.

깨달은 그 자리를 안 놓치고서 닦아나갈 때는 공덕이 성취가 되어서, 장양성태長養聖胎라. 성자의 태를 오랫동안 길러 나간다. 성인 자리에서는 자타, 시비의 구분이 다 없는 자리라고 우리가 분명히 느껴버리는, 그런 성태聖胎를 두고두고 오랫동안 닦아 나가는 것이다. 장양성태는 우리가 공부하는 분상에서 지킬 중요한 성구이다. 사량 분별로 닦는 것이 아니라, 무념수無念修로 닦는 수행을 성태장양이라 한다. 이렇게 닦아나갈 때는 구구성성久久成聖이라, 두고두고 일구월심으로 닦아 나가서, 비로소 참다운 구경지인 성인의 지위가 된다는 말이다."

- 『성자의 삶』 중에서 -

청화 스님은 1985년 태안사를 다시 세우면서 비로소 대중들에게 모습을 드러냈다. 스님은 3년 동안 묵언정진하며 직접 등짐을 지고 터를 닦아 10년만에 태안사를 다시 일으켰다. 이때가 지금으로부터 20년 전, 세수로 60이 넘어서이다. 마치 조주 스님이 80세까지 중국 천하를 주유하며 만행을 한 뒤에야 비로소 조주 관음원에서 법을 펴기 시작했듯이, 자신의 공부에 더욱 만전을 기한 다음 전법에 나서는 모습과 같았다.

끝없는 고행으로 자신에게 엄격했던 스님은 그러나 타인에게는 한없이 인자하고 자비로운 모습을 보였다. 스스로를 낮추는 하심으로 스님은 찾아오는 모든 이에게 경어를 사용하고 언제나 똑 같은 맞절로 사람들을 맞았다. 스님은 자신을 보러 산문 밖에 찾아오면 이름 없는 거지라도 다 받아들일 만큼 자애로운 분이었다.

입적을 얼마 앞둔 시점에서 몸 안의 한 점 기운을 짜내어 후학들을 위해 법문하시던 큰스님의 자비심은 철저한 수행으로 얻은 깨달음을 아낌없이 후학들에게 회향한 아름답고도 감동 깊은 장면으로 기억되고 있다.

일생동안 후학들에게 모범을 보인 스님의 전설과도 같은 용맹정진의 자세는 오늘도 무문관에 들어가는 수행자들이 본받아야 할 영원한 수행자의 귀감龜鑑이 아닐 수 없다.

■ 참고문헌參考文獻

경봉, 『니가 누고?』, 휴먼앤북스, 2003
고목, 『조주록 탐구』, 삼양, 1997
김광하, 『무문관 강송』, 운주사, 2004
김영욱 역해, 『진각국사어록 역해 1』, 가산불교문화연구원
김원환, 『저마다 깨친 인연이 있었네』, 우리출판사, 1996
김윤 역, 『아잔차 스님의 오두막』, 침묵의향기, 2005
김진무・노선환 공역, 『조사선』, 운주사, 2000
김태완 역주, 『마조어록』, 침묵의향기, 2005
김태완, 『조사선의 사상과 실천』, 장경각, 2001
김호귀, 『선문답의 세계』, 석란, 2005
만공문도회 편, 『만공법어 : 보려고 하는 자가 누구냐』, 묘광, 1983
박건주, 『달마선』, 운주사, 2006
박건주, 『선과 깨달음』, 운주사, 2004
백련선서간행회 역, 『벽암록 上・中・下』, 장경각, 2002
백련선서간행회 역, 『선림보선』, 상경각, 1978
불교전기문화연구소 편, 『현대고승인물평전 上・下』, 불교영상, 1994
서화동, 『산중에서 길을 물었더니』, 은행나무, 2002
석우, 『조주선사 선문답』, 관음손, 2003
성철선사상연구원, 『성철 큰스님 생애』, 성철넷, 1999
아침문화원 편집부, 『선사열전』, 아침문화원, 1985
이계묵, 『선의 뜰에서 거닐다』, 운주사, 2003
원순 역해, 『몽산법어』, 법공양, 2006
원순 역해, 『선요』, 법공양, 2001

월암, 『간화정로』, 현대북스, 2006

이청, 『우리 옆에 왔던 부처』, 북앤피플, 2002

이흥우, 『경허선사 : 공성의 피안길』, 민족사, 1996

일지, 『100문 100답 – 선불교 강좌편』, 대원정사, 1997

재연 역, 『싯다르타의 길』, 숨, 2002

정성본 역주, 『무문관』, 한국선문화연구원, 2004

정성본 역주, 『임제어록』, 한국정신문화연구원, 2003

정성본 역주, 『돈황본 육조단경』, 한국선문화연구원, 2003

정성본 역주, 『벽암록』, 한국선문화연구원, 2006

정진백, 『성자의 삶』, 사회문화원, 2004

조벽산, 『선의 산책』, 홍법원, 1995

진성원담 역, 『경허선사법어 : 진흙속의 울음』, 홍법원, 1993

천룡, 『간화선의 고향』, 빛과글, 2005

한암대종사문집편찬위원회 편, 『한암일발록』, 민족사, 1996

한중광, 『경허, 부처의 거울, 중생의 허공』, 한길사, 2001

효봉문도회, 『효봉법어집』, 불일출판사, 1975